Den Sygeste Børnebog.
-der nogensinde er skrevet.

Den Sygeste Børnebog.
-der nogensinde er skrevet.

Skrevet af: Kasper. L.S. Knudsen.

Andre bøger skrevet af forfatteren:

Psykopatens Bibel.
Fuck Jehovas vidner.
Frederik flodhests fantastiske fortælling/ illustreret.(udkommer sidst i 2009)

HUSK:

Intet storslået er nogensinde opnået undtagen af de, der vovede at tro, at noget i dem selv var omstændighederne overlegen.
(Bruce Barton.)

Forlag: Books on Demand GmbH, København, Danmark
Fremstilling: Books on Demand GmbH, Norderstedt, Tyskland
Bogen er fremstillet efter on-Demand-proces

ISBN 978-87-7691-395-3

INDHOLDSFORTEGNELSE:

ANDEN DEL: *BELÆRENDE GODNATHISTORIER.*

FOROROD.

Der er ingen billeder i den her børnebog.
Snøft- snøft.
Tør øjnene og spænd hjelmen søster tudefjæs!
Det er kun godt du selv lærer at danne billeder for dit indre øje, og bruge din fantasi.
Det er en egenskab der ofte går tabt på vejen til at blive voksen, men som er virkelig værdifuld at have: <u>også</u> som voksen.
Til gengæld så er skriften i bogen forholdsvis stor, hvilket vil gøre det nemt for dig at læse, og give dig en følelse af at du flyver igennem teksten, hvilket i sig selv er motiverende.
I og med dette også er en arbejdsbog, så er der ligeledes den store fordel ved den store skrift, de mange mellemrum og de mange halvtomme sider efter en del kapitler, at du kan bruge pladsen til notater og kommentarer, osv.

De andre færdigheder bogen lærer dig i **dens første del,** vil også være til stor nytte når du engang bliver voksen, men de er nu skrevet med henblik på at du skal bruge dem **<u>NU!</u>**

I alt for mange år har der efterhånden siddet kloge hoveder som er eksperter i manipulation og hjernevask,(de kalder det pædagogik, psykologi og socialisering), og har skrevet utallige bøger til forældre og voksne, som lærer dem hvordan man helt præcist kan manipulere og hjernevaske børn, sådan at de gør som de gerne vil have.

Deres eksperimenter i metoder og teorier til hvordan man former barnets sind under opvæksten, det kalder de for ”opdragelse.”

Men hvad med forældrene og de voksne selv?
Kunne de ikke også godt trænge til noget opdragelse?

Sidst jeg så tv-avis, -(Og det gør jeg ikke ret tit, for det er hjernedød propaganda, der giver et forenklet og forvrænget billede af virkeligheden.),- der så jeg, at der var hungersnød og frygt for klimaforandring, der var industriforurening og sygdomsepidemier, der var krig og terror og en global selvdestruktiv parasitpolitik, der var forbrugersamfund og finanskrise, og der var rige der blev rigere på de fattiges bekostning som derfor blev fattigere.

Når man bliver opmærksom på den verden vi lever i lige for tiden, så er det efterhånden lidt svært, det der med at tro på at de voksne altid ved bedst, fordi de er klogere og har mere erfaring.
Er det ikke?
Det er svært at have tillid til dem og deres dømmekraft.

Jo, tænkte jeg, de kunne godt trænge til noget opdragelse alle de forældre og voksne.
Og, tænkte jeg, det er også på tide at der er nogen der skriver en bog der lærer børn og unge hvordan de gør det.
Det er simpelthen på tide at børn og unge får en fair chance for at manipulere og hjernevaske deres forældre, så de kan få deres vilje.

Det kan bare ikke være rigtigt, at den viden om hvordan man gør det udelukkende skal være forbeholdt de voksne.
Jeg forstår selvfølgelig udmærket hvorfor de tilbageholder denne viden: det er simpelthen fordi at viden er magt.
Og hvis man vil bevare magten, så giver man den ikke fra sig frivilligt.

Det er der imidlertid blevet lavet om på nu, for nu findes denne bog: den eksisterer langt om længe.
Det er en bog der formidler enkel og letforståelig viden om hvordan man opnår magt, får sin vilje, og når sine mål.
Kort sagt om hvordan man påvirker andre og sig selv, så man opnår det man gerne vil.

Det er en bog der fortæller hvordan man opnår praktiske færdigheder som man kan bruge effektivt.
Nogle af strategierne og metoderne kan bruges næsten umiddelbart, andre kræver en smule øvelse og forberedelse.
Men sådan er det nu engang med alt der er værd at kunne, eller have: **de kræver en indsats.**
Men i denne bogs tilfælde er det langt fra en uoverkommelig indsats, faktisk er den ret beskeden, når man tænker på hvad man får til gengæld for sin investering.

Jeg har gjort mit bedste for at lektionerne er blevet så letforståelige at alle alderstrin skulle være i stand til at gennemføre lektionerne og lære færdighederne, hvis blot de er motiverede og gennemfører øvelserne med eftertænksomhed, har tålmodighed, og bruger den tid der skal til for at lære stoffet.

Et bud på hvordan man kunne studere bogen med størst udbytte, ville være:

A: Motiver dig selv grundigt, ved at forestille dig, hvad man kan få ud af at læse og lære det der står i denne bog. Man skal finde begrundelser for hvorfor det er utroligt spændende at læse og lære det der står i bogen.
Skriv dem ned på et stykke papir, eller allerbedst en notesbog.

B: Inden man går i gang med en ny lektion, så skal man stille sig selv spørgsmål, som for eksempel: Hvad kan jeg lære af dette kapitel?
Hvorfor vil jeg gerne lære det der står i dette kapitel?
Hvad tror jeg dette kapitel handler om?
Hvad vil jeg gerne vide fra dette kapitel?
Hvad vil jeg gerne kunne huske fra dette kapitel?
Skriv dem ned på papiret eller i notesbogen.

C: Læs hver af de ti lektioner grundigt, imens du bruger miniordbogen bagerst i bogen, som forklarer de svære ord i hver lektion. Er den ikke nok, så må du på biblioteket og have fat i en ordbog.
Når du læser, så sørg for at danne billeder i dit sind imens, af det du læser, eller ordene du læser, så vidt det er muligt.
Imens du læser, så stop også op og tænk over det der står, og genfortæl det til dig selv med dine egne ord. Det er en god ide at gøre dette cirka hvert 20 sekund, den første gang man læser en tekst for at lære noget. Stil dig selv spørgsmålene: „Hvad betyder dette her?" og „Hvad skal jeg huske for at forstå det her?"

Teksten i de ti lektioner er desuden delt op med fuldt mellemrum imellem afsnittene, ligesom dette forord også er, så man kan bruge mellemrummet som signal til hvornår man skal stoppe op, og tænke efter.
Denne studiemetode gør at du lærer, husker og forstår meget bedre, end hvis du bare læser fra start til slut uden at tænke over det.

Ved slutningen af hver lektion, så slut af med at stille de to spørgsmål „Hvad betyder dette her?" og „Hvad skal jeg huske for at forstå det her?", for hele kapitlet på en gang, og hold et lille foredrag for dig selv, hvor du lader som om du skal forklare dig selv hvad du har lært.

Til sidst tjekker du det stykke papir, som du skrev svarene fra **A** og **C** ned på, for at se hvor meget af det du var ude efter, som du fik opfyldt. Vurder så om du er tilfreds, eller om du har nogle huller du skal have fyldt ud.

D: Efter du har læst en tekst første gang på den måde der står beskrevet i **C** ovenover, så skal du repetere den, for at den virkelig sætter sig fast i din hukommelse.

Det gør du ved at gennemlæse den hurtigt på den måde, at du læser, men springer over og videre i teksten hver gang du læser noget du godt kan huske, og allerede forstår i forvejen.
Kun når du støder på noget i teksten som du ikke forstår, eller ikke husker noget som helst om, eller hvad betyder, så stopper du op og læser mere grundigt.

Repeter teksten på denne måde dagen efter du læste den første gang, så efter en uge, efter en måned, og efter et halvt år.

Så sidder det fast i knolden på dig for evigt!

E: Lav de øvelser der står beskrevet sidst i kapitlet. Se på det som en spændende udfordring eller et vildt fedt projekt du skal i gang med. Her bearbejder du det du har lært, og omsætter teori til praktiske færdigheder.

Dette er i øvrigt generelle tommelfingerregler for hvordan man effektivt indlærer og husker det man studerer og skal lære, og du kan bruge dem på alt hvad du ellers måtte have brug for at lære.
Hvis du intet lærer fra denne bog, andet end disse studieregler, så vil både pengene og tiden være investeret godt, hvis du gør dem til en automatisk vane.

Du vil få din investering mange gange tilbage!
Og tro mig, min unge ven, noget af det vigtigste i denne verden, og den tid vi lever i nu, det er at være i stand til at lære, og at lære på en effektiv måde. At kunne forstå, huske, og gøre viden til brugbare færdigheder, har aldrig været vigtigere for som menneske at kunne overleve og få et tilfredsstillende liv i samfundsjunglen.

I samfundsjunglen er det ikke den stærkeste der overlever, men den der er bedst til at lære og omsætte teori til praksis.

Man starter altså med punkt A og B, og efter at have læst C grundigt igennem, og være helt med på hvordan man studerer og lærer, så går man i gang med teksten. I starten vil man lige skulle vænne sig til at lære på denne måde, og man kan springe tilbage til forordet og genlæse C for at opfriske hukommelsen, indtil man studerer på denne måde automatisk. Det vil man typisk gøre efter de første par lektioner. Da er det allerede blevet en helt automatisk og naturlig vane.

Efter at have studeret alle ti lektioner, så vil man have sig en værktøjskasse med noget ret effektivt værktøj, som desuden kan bruges til virkelig mange forskellige ting, nu og senere i Livet.

I bogens anden del, er der som sagt tretten små fortællinger, som børn og unge kan læse højt for deres forældre som godnathistorie. I årevis er i blevet tvunget til at høre forældre og andre voksne læse **DERES** propaganda-godnathistorier højt for jer, hvor den løftede pegefinger ofte har været, at i skal gøre som jeres forældre siger, opføre jer ordentligt i skolen, spille død og rulle rundt og jeg ved ikke hvad for nogen hundekunster, de ellers forsøger at lokke jer til.
Nu har i så tretten af jeres egne propaganda-godnathistorier at tage hævn med, og en konstruktiv pegefinger under **Bonus-info til forældre.**

Litteraturliste/nyttigt læsepensum: Udvid din viden og dit værktøj.
I Bonus-øvelsen: "I Have a Dream": finder du tommelfingerregler til en flyvende start med drømmevinger, på vej mod resten af dit livs rejse.

Denne bog ville naturligvis ikke være komplet, hvis ikke også den i forbifarten sådan nærmest lidt henkastet fortalte dig livets ABC, og formålet med alt. Derfor har jeg under **BOGEN DEDIKERES TIL:** medtaget to stykker af min poesi, som udgør din endelige afgangseksamen til Livet. Forstår du dem, så er du parat til at få sparket i røven ud af reden, for så kan du med garanti flyve …

1. *DET HYSTERISKE ANFALD.*

Sådan bliver dine forældre bange for at sige nej til dig.

Der findes en bestemt type forældre som næsten altid siger nej, uden nogen som helst god grund.
De siger nej, udelukkende fordi de kan, (i og med at det er dem der er forældrene), og fordi det i netop det øjeblik passer dem at sige nej til nogen, som de tror ikke har ret til at protestere.
Selvfølgelig vil det altid være forældrenes ret at sige nej til noget, men derfor kan man som barn eller ung godt selv tage et ansvar, og opdrage dem til, at der skal være en virkelig god grund til det nej.
Og det gør man ved at få et hysterisk anfald.

Reglerne for et hysterisk anfald er meget simple:

1. Det skal vare mindst 3 fulde timer.

2. Der skal være masser af råben og skrigen.
Man må også meget gerne græde i raseri imens, og stampe hidsigt i jorden. Fyr den af og giv den max gas.

3. Hvis man kan komme af sted med at smide med et par ting tværs igennem lokalet, eller vælte og ødelægge noget, så gør man selvfølgelig det.
Nu skal du ikke være en Chicken, vel?
Og jeg gentager: Fyr den af og giv den max gas.
Det er nemlig klart det fedeste, hvis du kun skal gøre det her en gang.

4. Man må ikke acceptere at blive sendt på sit værelse, men skal fortsætte konflikten ufortrødent uanset hvad. Eventuelt kan man fortsætte med at råbe og skrige inde fra sit værelse.
5. Man skal så vidt det er muligt nægte at gøre noget som helst ens forældre beder om, og man skal ikke på noget tidspunkt lytte til hvad de har at sige, men blot fortsætte sin egen taktik.
6. Selv om forældrene ombestemmer sig og siger ja, så skal man alligevel fortsætte sit hysteriske anfald i fulde tre timer, under den begrundelse, at man simpelthen bare føler sig SÅ krænket over at de i det hele taget kunne finde på at sige nej til at begynde med. For hvad bilder de sig egentligt ind: tror de du er en Chicken, eller hvad?
7. Man skal aldrig begynde at tale om sagens fakta eller ydre omstændigheder, men kun om hvad man selv føler, for man kan nemlig ikke argumentere imod følelser, eller sige at du tager fejl. Dine følelser er et punkt hvor **du** altid har ret, og **de** er på spanden.

Formålet med det hysteriske anfald **er ikke**, at få sine forældre til at ombestemme sig med hensyn til det de har sagt nej til.
Formålet med det hysteriske anfald, er, at opdrage ens forældre til at tænke sig godt og grundigt om inden de siger nej til noget NÆSTE GANG, og have en god begrundelse for hvorfor, hvis de gør.

Når ens forældre giver følgende begrundelse: „Fordi jeg siger det, derfor."- så bør det OMGÅENDE udløse et hysterisk anfald. Den form for adfærd er det simpelthen ikke acceptabelt for ens forældre at udvise.
Det må under ingen omstændigheder tolereres.

ØVELSER:

1. Forestil dig hvordan du ville gøre det, hvis du skulle få et hysterisk anfald.
Hvordan ville du se ud?
Hvad ville du sige?
Hvad ville du gøre?
Prøv virkelig at forestille dig hvordan du ville føle, hvis du var helt og aldeles hysterisk, og hold fast i den følelse, så du har holdt en form for "generalprøve."

2. Vent på at dine forældre er urimelige og siger nej uden nogen god grund, og giv dem så et mareridt af at hysterisk anfald, som de aldrig nogensinde vil glemme, og som de aldrig nogensinde ønsker at opleve igen.

3. Tænk tilbage på dit liv, og find situationer hvor dine forældre har været fuldstændigt urimelige, og hvor det derfor ville have været på sin plads at få et hysterisk anfald.

4. Tænk tilbage på dit liv, og find situationer hvor det ville have været til din fordel, at have forældre der var bange for at sige nej til dig, og ikke tør gøre det uden god grund.

5. Tænk tilbage på dit liv, og find situationer hvor du mistænker dine forældre for at sige nej uden egentlig at have nogen god grund, andet end "fordi jeg siger det", eller fordi de lige havde lyst til at sige nej.
Læg mærke til det helt urimelige i deres adfærd, og vær fast besluttet på at du ikke længere vil finde dig i det.

HUSK: Den gyldne regel.

Det bedst er tit bare at gøre tingene uden at spørge nogen om lov, og hvis det så går helt galt, så kan man altid sige undskyld bagefter og gøre det godt igen.
Og det kan man for det meste gøre ret nemt.

Der er ikke nogen grund til at give nogen mulighed for at sige nej, medmindre det er absolut nødvendigt.
Folk har det nemlig tit med at sige nej, bare fordi de kan, eller af følelsesmæssige grunde.
Og for det meste så har folk nemt ved at acceptere noget, når først det ER sket.
Bagefter kan du altid retfærdiggøre, hvorfor du gjorde som du gjorde, og ni ud af ti gange gøre det godt igen.
Inden du bruger den gyldne regel, så overvej hvad det værst tænkelige der kan ske er, og på hvordan du kan rette op på det og gøre det godt igen.
For det meste er det slet ikke så slemt, som man går og tror.
Og for det meste, er det man kan vinde eller opnå eller opleve, hele risikoen værd, endda også selv om det værste skulle ske.

ØVELSER:

1. Tænk tilbage på dit liv, og find situationer, hvor det ville have været langt bedre, at du bare gjorde det du ville, i stedet for at spørge om lov og give dem en mulighed for at sige nej.

2. Tænk på hvornår du i fremtiden bare vil gøre det du vil, uden at spørge nogen om lov, og give dem en mulighed for at sige nej.

3. Øv dig i et rigtigt uskyldigt udtryk, hvor du siger: „Det troede jeg dag godt at jeg måtte …“ og: „Det var jeg ikke klar over, at jeg ikke måtte…“

2. *OPDRAG DINE FORÆLDRE.*

Sådan hjernevasker du dine forældre med adfærdsprogrammering, til at gøre det du vil.

Grundlæggende er det ikke så forfærdeligt anderledes at opdrage sine forældre, som det er at træne en hund.

Det handler om at forbinde den adfærd fra sine forældre, som man ikke ønsker, med så meget ubehag og negativitet som overhovedet muligt, så de ikke ønsker at gentage adfærden, af frygt for at opleve ubehaget og negativiteten endnu engang.

På den anden side, så gælder det også om at forbinde den adfærd som man ønsker sine forældre udviser, med så meget nydelse og positivitet, som overhovedet muligt, så de meget gerne vil gentage adfærden, i håb om at de oplever nydelsen og positiviteten endnu engang.

Lad mig give et eksempel.
Lad os bare for et øjeblik sige, at du kunne slippe af sted med at opdrage dine forældre på nøjagtig samme måde som en hund.

Hver gang dine forældre siger nej, eller gør som du IKKE vil have, så smækker du dem en over næsen med en sammenrullet avis. Det gør, at de forbinder det at sige nej, eller gøre som du IKKE vil have, med en negativ følelse af ubehag, som de ikke har lyst til at opleve igen. Derfor vil de forsøge at UNDGÅ denne adfærd.

(**ADVARSEL: Det er udelukkende som eksempel, at jeg nævner avisen. PRØV IKKE at slå dine forældre med en avis i virkeligheden, da det højest sandsynligt vil gøre dem negativt stemt.)**
Omvendt, så hver gang dine forældre siger ja, eller gør som du GERNE vil have, så giver du dem en hundekiks som godbid og belønning.
Det gør at de forbinder det at sige ja, og gøre som du GERNE vil have, med en positiv følelse af nydelse, som de har lyst til at genopleve en anden gang.
Derfor vil de søge IMOD denne adfærd.

Mennesker er nemlig indrettet på samme grundlæggende måde rent biologisk som alle andre dyr, ved at VI SØGER VÆK fra de ting vi forbinder med negative følelser og stort ubehag, for netop at undgå at opleve disse negative følelser og ubehaget.
Samtidig søger vi HEN IMOD de ting vi forbinder med positive følelser og nydelse, for netop at opleve disse positive følelser og nydelsen.

De grundlæggende principper for hvordan man hjernevasker sine forældre med adfærdsprogrammering, er altså som følger:

1. Beslut hvad det er du virkelig ønsker fra dine forældre.

Her er det virkelig vigtigt at tænke sig godt om.
For at nå et mål må det være klart defineret.
Husk at det svære ikke er at få hvad man gerne vil, men at finde ud af hvad det er man egentligt vil.
Husk også at alting har omkostninger, og inden du beslutter dig for noget, så må du afgøre med dig selv om du er villig til at betale det det koster, at opnå det du ønsker.

2. Begynd at opdrage og dressere dine forældre med straf og belønning, indtil de udviser den ønskede adfærd.

Hold rigtigt godt øje med dine forældre og den adfærd de udviser. Hver gang de søger hen imod den adfærd du ikke ønsker, og modarbejder det du gerne vil opnå fra dem, så **straf** dem, og sørg for at de føler stort ubehag.
Hver gang de søger hen imod den adfærd, og det du har besluttet at du gerne vil opnå fra dem, så **beløn** dem, og sørg for at de føler nydelse.

3. Bemærk hvilke former for straf og belønning der virker, og ikke virker, og fortsæt med at opdrage og dressere, indtil du opnår det du ønsker.

Det er vigtigt at finde ud af hvad ens forældre betragter som straf og belønning, hvad de synes er ubehageligt og hvad de nyder.
Her er det vigtigt at gøre sig detaljerede notater på følgende måde:
Tag et stykke papir, og lav en streg ned midt igennem siden.
På den ene halvdel af papiret skriver du øverst oppe i hjørnet straf, på den anden halvdel øverst oppe skriver du belønning.

Nu skriver du alle de ting ned, som du kommer i tanke om at dine forældre virkelig hader eller virkelig elsker, samt alle de måder du kunne enten belønne eller straffe dem på.

Til sidst vurderer du dem og giver dem karakterer efter hvor stor en belønning eller slem en straf det er. **A** er værst, **B** er midt imellem, og **C** er den mindste karakter.
Hvis din mor virkelig HADER at du oversvømmer badeværelset og smider våde håndklæder på gulvet hver gang du har taget et brusebad, så kunne det være en **A**´er under straf.
Hvis hun på den anden side bare ELSKER at du tager opvasken af dig selv, så er det en **A**´er under belønning.

På denne måde udarbejder du et præcist skema, som du begynder at straffe og belønne dine forældre ud fra, samtidig med at du observerer hvad der virker, og hvad der ikke virker.

Der er hovedsageligt to ting du kan gøre, for at dine forældre helt ubevidst knytter den negative straf eller den positive belønning sammen med den adfærd de har udvist:

1. Du sørger for at straffen eller belønningen sker **lige efter** den uønskede eller ønskede adfærd. Du må altså straffe eller belønne dem så hurtigt som muligt efter de har udvist en adfærd du ønsker eller ikke ønsker, for derved opfatter de straffen/belønningen som en konsekvens af deres adfærd. Dette gør hjernen helt ubevidst, fordi de to ting sker på samme tid, og derfor tror den at adfærden er **årsagen** og straffen eller belønningen er **virkningen**.

2. Du må sørge for at være så **konsekvent,** det vil sige så regelmæssig og stabil, med din straf eller belønning, som overhovedet muligt. Sørg altså for at straffe eller belønne **hver gang** adfærden du ønsker at straffe eller belønne udvises, for på denne måde vil hjernen registrere et **mønster,** og danne en forbindelse.

VIGTIGT: Dine forældre må under ingen omstændigheder finde ud af, at du bevidst straffer og belønner dem, fordi du vil ændre deres adfærd. Hvis de er bevidst om det, så kan de modarbejde din adfærdsprogrammering, med deres egen bevidsthed, fordi de gennemskuer og forstår hvad det er du gør, og kan se mønsteret i det. Det skal med andre ord være dit eget top-secret projekt, og du må se på dig selv som et ondt geni der er ude på at overtage magten, uden at der er nogen der opdager det, før det er for sent.

4. Når du har opnået det du ønsker, så gør det nye adfærdsmønster permanent ved at betinge det.
Det betyder simpelthen blot, at selv om du har opnået, at dine forældre udviser den adfærd du ønsker, så skal du fortsætte med at belønne dem, når de gør som du gerne vil have.

For at gøre det mest effektivt, så må du ikke vænne dem til en bestemt type belønning.
Det er vigtigt at du belønner dem på forskellig måde, sådan at de aldrig helt ved hvad de får.

Samtidigt er det vigtigt, at du en gang imellem giver dem en super-duper-belønning, også selv om de egentligt ikke har gjort noget særligt for at fortjene den.
Der må ikke være noget mønster i hvornår du giver dem en super-duper-belønning, det skal være tilfældigt.
Det er vigtigt at give dem denne super-duper-belønning en gang imellem, fordi det vil motivere dem til at gøre sit bedste hver eneste gang, fordi de håber igen at få en super-duper-belønning.
Men du må kun bruge super-duper-belønningen en gang imellem, ellers mister den sin effekt.

VIGTIGT: når den ønskede adfærd er udført, og du vil belønne dem, så gør det så hurtigt som muligt. Dermed har det størst effekt.

HUSK: når du opdrager og dresserer dine forældre, så findes der ingen fiaskoer, der findes kun resultater.
Det tager tid at opdrage og dressere en ønsket adfærd frem hos sine forældre, ligesom det kræver at man er opmærksom på hvad der virker som straf og belønning, og hvad der ikke gør.
Det vigtigste er ikke om det virker med det samme.
For på lang sigt så VIL det virke; det kan simpelthen ikke andet, hvis blot man fortsætter adfærdsprogrammeringen stabilt.

Det vigtigste i starten, det er at man er opmærksom på hvad der virker og ikke virker, og er bevidst om dette, og fortsætter med at arbejde med punkt 3.

ØVELSER:

1. Lav en liste over de ting som du godt kunne tænke dig at ændre ved dine forældre.
Er der en adfærd du godt kunne tænke at få dem til at stoppe med?
Er der en adfærd som du godt kunne tænke dig at få dem til at begynde på?
Stil dig følgende spørgsmål imens du formulerer dine mål:
Hvad er det jeg virkelig vil opnå?
Hvorfor vil jeg opnå det?
Er der noget der forhindrer mig i at opnå det?
Og hvis der er, er der så noget jeg kan gøre for at overvinde de forhindringer?

2. Begynd så på at opdrage og dressere dine forældre med strategien for adfærdsprogrammering som i punkt 2-4, og væn dem til straf og belønning. Start med små ting, indtil du har regnet dine forældre ud, og har helt styr på teknikken.

3. Læg mærke til hvad der virker, og hvad der ikke virker, og især hvad der får dem til at skifte adfærd permanent til det som du ønsker.

4. Sæt dig helt præcise mål for hvad du ønsker at opnå, og forestil dig hvordan det vil se ud.
Fortsæt med at hjernevaske dine forældre, indtil du har opnået at gøre det billede du dannede af dine mål til virkelighed.

3. *F.O.R.Æ.L.D.R.E-F.U.P-STRATEGIEN.*

Sådan forhandler du med dine forældre, så du får det du vil have.

Hvert af bogstaverne i FORÆLDRE-FUP står for en bestemt del af den forhandlingsstrategi, der giver dig en fordel når du forhandler med dine forældre.

Ved at være sig disse elementer bevidst, kan man forberede en overordnet taktik til en forhandling med sine forældre.

Når så forhandlingen indledes, så kan man ud fra elementerne i strategien hele tiden improvisere og tilpasse sin øjeblikkelige måde at forhandle på, så man styrer forhandlingen hen imod succes for sig selv, og opnår det man vil.

De forskellige bogstaver, og dermed de forskellige elementer i FORÆLDRE-FUP-strategien, er som følger:

F= Fælden.

Der er altid en måde, at få det man gerne vil have på, men det er ens eget ansvar at finde ud af hvordan.
Det er jo dig, der gerne vil have noget fra dine forældre, så derfor er det også dig, der må sørge for at du får det.

I alle forhandlinger, er der en vej der fører hen til et punkt, hvor det hele falder i hak, og du får det som du gerne vil have. Det er dette punkt du søger at styre forhandlingen hen imod.

Man kan også sige, at det gælder om at lede forældrene ned ad præcis den helt rigtige vej, imens man forhandler med dem, hvor der for enden af vejen er en fælde, eller et hul gravet i jorden, som de så falder ned i.
Fælden er naturligvis det du ønsker.

Det er altså dit eget ansvar, at finde den vej som fører forældrene i din fælde, ligesom det er dit ansvar at sørge for, at forhandlingen imellem dig og dine forældre fører jer ned ad denne vej.

MEN PAS PÅ!
For forældre kan også være ganske udspekulerede, og de har måske også noget de ønsker fra dig; en fælde de ønsker at du skal falde i. Sørg altså for at de falder i din fælde, og at du ikke falder i deres.

O= OBSERVER.

Når man forhandler med sine forældre, så gælder det om virkelig at have øjnene og ørerne med sig.

Det er vigtigt ikke kun at lægge mærke til hvad ens forældre siger, men også hvad de IKKE siger.
Har forældrene en skjult hensigt, og hvad prøver de at manipulere med?

Ligesom vi taler med munden, og fortæller hinanden hvad vi vil med ord, så taler vi også med kroppen, og fortæller hinanden hvad vi vil, med den måde vi signalerer med kroppen.
Arme over kors og rynkede øjenbryn, er for eksempel klare eksempler på et negativt og afvisende kropssprog. Et negativt kropssprog er **lukket**, det vil sige at arme og ben krydser hinanden, og at kroppen på anden vis er "lukket til."
Arme og ben der ikke er krydset, et hoved der nikker og store smil, er tydelige eksempler på et positivt og accepterende kropssprog.

Et positivt kropssprog er **åbent**, det vil sige at arme og ben ikke krydser hinanden og dækker for kroppen, og at kroppen er "åbnet op." Man må altså nøje observere forældrenes kropssprog og de signaler de udsender, sådan at du ved hvor du har dem.
Det er en god øvelse når man ser fjernsyn, at skrue helt ned for lyden, og så lægge mærke til hvad folk udtrykker med deres kropssprog.
Man kan lære virkeligt meget ved på denne måde at være opmærksom på hvad der foregår, og studere folks adfærd og udtryksform bevidst.
Hvornår er personerne i fjernsynet negative eller positive?
Hvornår er de åben for forslag, og hvornår er de meget afvisende?
Hvilke signaler i kropssproget udsender folk, når de er enige med en, og når de er uenige?
Hvordan bruger de øjnene?
Hvordan bruger de hænderne?
I hvilket tonefald taler de? (skru op for lyden, og læg mærke til **tonefald** og **måden** de taler på, **ikke** ordene og hvad de siger.)
Hvilke grimasser laver deres ansigt?
Hvordan står de i forhold til den anden?
Hvad er typisk negativt og lukket kropssprog?
Hvad er typisk positivt og åbent kropssprog?

Hvis man ønsker virkelig at være en ørn til det med kropssprog, så kan man eventuelt gå på biblioteket og låne den bog der hedder: KROPSSPROG, som er skrevet af ALLAN og BARBARA PEASE.

R= REAKTION.

Lige meget hvad dine forældre tilbyder dig først-(medmindre de ligefrem betingelsesløst går ind på dine krav, og selv da bør du overveje at-), bør du med det samme reagere på deres forslag, med et ansigt og en tvær mine, der udtrykker, at du syntes at dine forældre-og alle voksne i det hele taget- er helt blæst oven i kasketten, og bare ikke fatter noget som helst.

Du signalerer utilfredshed, fordi det sender et signal om, at det her ikke kan accepteres, men må laves om: **altså om at der må forhandles.**
Med dit signal om utilfredshed så indledes forhandlingen.

Hvis du ikke helt er teenager endnu, så kan det godt svare sig at øve sig lidt foran et spejl, på denne reaktion.
Hvis du allerede er teenager, så burde det komme som en helt naturlig reaktion, på stort set alt hvad en voksen siger eller mener.
Medmindre altså, at du er en nørd.
Eller en Chicken. Du er da ikke en Chicken, vel?
Båk- båk- båk!

Æ= ÆRLIGT TALT!

Lige meget hvad dine forældre tilbyder dig først, så synes du ÆRLIGT TALT!, at de ikke kan være bekendt, ikke at tage dig seriøst. Deres første tilbud synes du altid er helt uacceptabelt, ja, det er nærmest en fornærmelse imod din intelligens at de overhovedet kan finde på at foreslå noget så useriøst.

På samme måde, så bør dit første krav, eller dit første forslag til dine forældre være noget overdrevet og urimeligt. På den måde får du et forhandlingsgrundlag som du har råd til at give af.
Der er plads til indrømmelser.

Lad os sige, at du gerne vil have dine forældre til at købe dig det sidste nye playstationspil.
Hvis du starter med at spørge om det, så kan du ligesom ikke rigtig gå på kompromis nogen steder, vel?
Men hvis du spørger dem, om du ikke må få en motocross-cykel til at starte på, så kan du senere ”gå på kompromis”, og ”nøjes” med playstationspillet.

Du har fået det playstationspil som du gerne ville have, og dine forældre er hysterisk lykkelige over at have talt dig fra den fikse ide, at du vil have en crosser.
Lad os tage et andet og mindre drastisk eksempel.
Du er ude og handle med dine forældre, og du kunne helt vildt godt tænke dig en is.
Derfor starter du med at spørge om du ikke må få et eller andet plastiklegetøj til firehundrede kroner, eller noget i den stil, hvilket de selvfølgelig siger nej til. Du bliver selvfølgelig rigtig fornærmet over at du ikke må få det legetøj, og holder øje med dine forældre, for at se hvornår de er kørt trætte, eller har fået dårlig samvittighed over ikke at kunne unde dig noget du virkelig godt kunne tænke dig.
Så er det at du ligesom lidt tilfældigt og henkastet spørger, om du ikke må få en is.
Og så er det at dine forældre ånder lettet op og stikker dig den is, som du gerne ville have til at begynde med.

L= LIGE FOR LIGE.

Hver gang dine forældre gerne vil have at du går på kompromis med noget, eller laver en indrømmelse under jeres forhandling, så kræver du omgående at de på samme måde gør en indrømmelse eller går på kompromis, eller at du på anden måde får noget til gengæld for din indrømmelse.

Alting koster, og du forærer intet gratis under selve forhandlingen.
Medmindre altså, at du er en karklud.
Og du er da ikke en karklud, vel?

D= DIPLOMATI.

Sæt aldrig hårdt mod hårdt, imod dine forældre, for så kan du risikere at tabe.
De vil sandsynligvis sende dig ind på dit værelse, og det afslutter forhandlingen.

Det, som det i stedet drejer sig om, det er at køre dem trætte, og trække forhandlingen ud.

Det gør du ved at være så venlig og forstående og sympatisk og imødekommende, at de ikke kan tillade sig at afvise dig og afslutte forhandlingen uden videre diskussion. For hvis de gjorde det, så ville de jo være uhøflige, og det kan de ikke være bekendt. Og samtidig ville de sætte et dårligt eksempel for dig.

En god teknik til at få dine forældre til at føle sympati for dig, det er ved at være et spejl for deres måde at være på. Folk kan nemlig godt lide sig selv, og når man med det samme synes om andre mennesker, så er det som regel fordi man genkender noget af sig selv i dem.

Når du derfor spejler deres måde at være på, så genkender dine forældre sig selv i dig, og får sympati for dig.

Ting du kan spejle eller efterabe, er måden de står på, måden de bruger deres hænder på når de taler, den måde de taler på, de ord de bruger, den måde de bevæger sig på, kort sagt alt.
Men gør det diskret, så de ikke opdager at du gør det. Øv dig i at spejle andre, uden at være bevidst om hvordan du gør det. Sådan at du gør det automatisk og ubevidst når du ønsker det. Når du kan dette, har du et meget stærkt våben til at vække sympati, forståelse og imødekommenhed hos andre.

Sørg også for at have god øjenkontakt med dem og at nikke forstående hver gang de siger noget.
Hele tiden giver du dine forældre ret, samtidig med at du forsøger at ændre deres holdning.
For eksempel:
„Mor jeg forstår godt hvad du siger, og jeg forstår også godt hvorfor du tænker sådan, MEN ...“ (efter men forsøger du igen at overtale-

dem ved at argumenter for din egen holdning, samtidig med at du spejler dem for at opnå sympati.)

Der er også en meget effektiv og velkendt forhandlingstaktik der hedder **FFO**, som stor for: **føle, følte, opdagede.**
Du siger: „Jeg ved godt hvad i må **føle** omkring dette her, mor og far, og andre forældre har følt det samme **før** jer, men det som de **opdagede**, det var at ..."(her forsøger du så igen at overtale dem med dine argumenter, samtidig med at du spejler dem for at opnå sympati.)

Når du argumenterer, så sørg også altid for at være forberedt, ved at spørge dig selv, hvilke FORDELE og UDBYTTE der er, ved at dine forældre går ind på dit forslag, samt hvilke BEHOV det dækker for dine forældre.
Det er ud fra disse punkter at du skal argumentere, samt rimeligheden i det du siger eller beder om, og hvad du tilbyder dem til gengæld for at de accepterer dit forslag.

R= REND OM HJØRNER MED DEM.

Under forhandlingen med dine forældre, da er det vigtigt at rende om hjørner med dem.

Du kan måske lade som om at du føler stærkt for noget, som du egentligt er ligeglad med, kun for senere at kunne give afkald på dette som en indrømmelse, som du så kan kræve noget til gengæld for ved LIGE FOR LIGE-taktikken.
(Medmindre naturligvis, at du er en Chicken. Eller en karklud.)

Hvis dine forældre foreslår dig et eller andet, som du faktisk virkelig godt kunne tænke dig, så lader du alligevel som om at du kun modstræbende går med til det. På den måde, så ser det ud som om at det er DIG der gør DEM en tjeneste, ved at gå med på deres forslag, og så har du noget til gode, til næste gang du skal forhandle med dem.

Du tager måske emner op som ingenting betyder for dig, som du kun bruger som afledningsmanøvre eller røgslør, for at skjule dine virkelige hensigter.
Måske bringer du ting på bane, for udelukkende at vildlede eller narre dine forældre ind i en følelsesmæssig tilstand der er positiv, inden du bringer dit egentlige emne på bane.
Hvis mor er skidesur efter en lang dag på arbejdet, så er det nok ikke lige tidspunktet med den følelsesmæssige stemning hun er i, at spørge, om du ikke nok må få en pony.
I stedet giver du hende lidt tid til at komme i et mere almindeligt stemningsleje, hvorefter du bevidst fremkalder en positiv følelsesmæssig tilstand.
Hvis du for eksempel spørger hende om hun ikke har tabt sig et par kilo, eller kan du huske dengang vi gjorde det og det, som var så hylende morsomt.
Så er hun i den rette tilstand, til at bringe det du egentlig vil på bane.
(Mere om hvordan du kontrollerer dine forældres følelsesmæssige tilstand i kapitel 8-fjernbetjeningen.)

Udgiv dig hele tiden for noget andet, end det du er.
Hvis du har regnet dem ud, så lad som om du ikke har.
Hvis du er klog, så spil dum.
Og så videre.

Hvis for eksempel, at dine forældre gerne vil have dig til at forstå noget, men ikke rigtigt kan få sig selv til at sige det ligeud til dig, (for eksempel, at de har ombestemt sig med at forære dig den pony, som du har fået dem til at love dig), så lader du bare som om at du er naiv og ikke forstår hvad det er de hentyder til. Så er de nødt til at købe ponyen til dig, for det har de jo lovet, og de har ikke fortalt dig noget andet.

E= EKSTRA UDSTYR.

Når man for eksempel er ved at købe en bil, og forhandler om prisen, så lokker man altid lige en ekstra indrømmelse ud af modspilleren til sidst i forhandlingen, ved at spørge om ekstra udstyr.
Når alle andre spørgsmål og punkter er blevet diskuteret og er faldet på plads, når du HAR fået den pony du gerne vil have, en playstation3 og en knallert, til gengæld for at du lover aldrig at starte med at ryge cigaretter, så er tidspunkt inde til at bede om ekstra udstyr.
Du siger: „Nåh ja, jeg får selvfølgelig også en saddel, to spil, og en styrthjelm med i købet, ikke?"
Sig det som om det er den naturligste ting i verden, og som om det hele tiden har været en del af aftalen, at disse ting hører med.
Så vil de have meget svært ved at sige nej, og starte forhandlingen forfra.
Sådan skal den ged barberes!
(Medmindre du er en Chicken der bliver vredet som en karklud, eller en karklud der bliver plukket som en Chicken.)

F= FORTRYDE.

Når du nu HAR fået tingene forhandlet på plads, på en måde der er tilfredsstillende og fordelagtig for dig, så ønsker du ikke at forældrene lige pludselig får kolde fødder og fortryder det hele, fordi de føler sig bondefanget.

Derfor giver du lige dine forældre en eller anden bonus, som de ikke havde regnet med, og som gør hele kamelen lidt nemmere for dem at sluge.

For eksempel kunne du hoppe af glæde, og springe hen og give dem en kæmpestor krammer, imens du siger: „Tusind tak, mor og far, jeg er bare så glad. Og jeg skal nok tage opvasken og støvsuge hele huset den næste måned."

Det er selvfølgelig surt at skulle vaske op og støvsuge, men hvis du lige har fået forhandlet dig frem til en playstation3, og du har planer om at bøffe dem for en scooter om et par måneder, så er det nok en god ide at score dig nogle billige point, til næste gang du skal forhandle.
Og det er jo heller ikke særligt fedt, hvis de fortryder, at de har lovet dig en playstation3.

Du kan også bare nøjes med at fedte lidt for dem, ved for eksempel at sige: „Jeg VIDSTE bare at jeg kunne komme til jer og tale om det her. Hvor er det bare godt, at i er sådan som i er, og ikke som nogen af mine venners forældre."
Folk elsker bekræftelse, og det er svært for dem at skuffe eller svigte nogen, som på denne måde bekræfter dem i hvor gode de er.

U= UNDERSTREG.

Understreg hvor meget det her virkelig betyder for dig.
Specielt hvis de ikke skal opfylde deres løfte lige med det samme, og opfyldelsen af det ligger lidt længere fremme i tiden.
Fortæl dem hvor glad du er for deres forståelse, at de viser dig den tillid, at de lytter til dig, hvor glad du er for at have dem som forældre, osv. osv.
Det binder dem yderligere til aftalen, og gør det svært for dem at skuffe dig, og bryde aftalen.

Skynd dig at gøre et eller andet for dem som belønning, og understreg overfor dem, at du havde lyst til at gøre det, fordi du er så glad for jeres aftale. På denne måde har du allerede gjort noget for dem, og det bliver sværere for dem ikke at overholde deres del af aftalen.

P= PRES CITRONEN.

Hvis du for eksempel har fået lov til at gøre noget, som går rigtigt godt, så husk det. Læg mærke til hvad det var der gik godt, og hvorfor.

Næste gang du skal fuppe dine forældre, så kan du nemlig henvise til denne succes.

Jo mere succes du har, i de ting du får lov til, jo mere kan du tillade dig at presse citronen for hver gang.
Læg også mærke til hvad det var der virkede i forhandlingen med dine forældre, og hvad det var der ikke virkede, så det bliver nemmere at få dem i fælden næste gang.
Så kan du presse citronen yderligere næste gang.

Hvilke fejl begik du under forhandlingen med dine forældre?
Hvad gjorde du rigtigt godt under forhandlingen med dine forældre?
Havde du forberedt dig godt nok?
Hvordan var deres kropssprog?- hvordan er det når det er positivt, hvordan er det når det er negativt?
Hvad reagerede de positivt på under forhandlingen, og hvad reagerede de negativt på?
Hvilke ting var det specielt, som du sagde eller gjorde, som fik dem til at gå med på det du ville?

ØVELSER:

Forældre-fup tager lidt tid at lære, men er uhyggeligt effektiv når det først er gjort.

1. Først må man lære hvad hvert af de individuelle bogstaver i forældre-fup står for, tænke grundigt over hvad det betyder, og kunne huske det udenad. Øv dig ved at gentage det, og sige højt for dig selv hvad hvert af bogstaverne står for, som om du skulle lære en anden det.

2. Derefter må man forestille sig, hvordan det ville være at bruge forældre-fup-strategien, og øve sig som om man skulle forberede sig til en teaterrolle.

3. Nu er du klar til at bruge teknikkerne i strategien. Men brug den stille og roligt i starten, indtil du kan bruge den uden at tænke alt for meget over det.

4. Tænk tilbage på dit liv, og find situationer, hvor det ville have været godt at bruge forældre-fup-strategien. Hvordan ville du have gjort i stedet, hvis du kendte strategien dengang? – lad situationen udspille sig i dit sind som en film, og lav om på din taktik, så den bliver effektiv, og du får dine forældre til at gå i fælden.

5. tænk tilbage på dit liv og find situationer, hvor du har fået dine forældre til at gå i "fælden". Hvad gjorde du rigtigt så de gik i fælden? Er der et mønster, som du kan udnytte, næste gang du skal have dine forældre til at gå i fælden?

6. Tænk på hvor du i fremtiden vil kunne bruge forældre-fup-strategien.

<u>HUSK:</u>

HVIS DU ER EN CHICKEN, SÅ ER DET SOM REGEL <u>DIG</u> DER BLIVER PLUKKET!
OG HVIS DU ER EN KARKLUD, SÅ ER DET SOM REGEL DIG DER VRIDER SIG, ELLER BLIVER VREDET!

<u>HUSK:</u>

HOLD HOVEDET HØJT, RYGGEN BRED, OG HJELMEN SPÆNDT, SOLDAT!

4. *HUNDEHVALPE-METODEN.*

Sådan får du dine forældre til at acceptere forslag, og store forandringer.

Hundehvalpemetoden er en fremragende teknik, til at få dine forældre til at prøve noget nyt, eller vænne sig til en forandring i den måde tingene gøres på.

Hundehvalpemetoden er en effektiv salgstaktik, som enhver dyrehandler med respekt for sig selv kender til.

Hvis en familie der overvejer at købe en hund tøver, fordi de er usikre på hvordan denne forandring vil ændre deres liv, så tilbyder dyrehandleren at man kan tage hvalpen med hjem, for at prøve om det er noget for en. Samtidig tilbyder han, at man bare kan levere den tilbage igen, hvis man finder ud af at det ikke er.
Det er yderst sjældent at nogen leverer hvalpen tilbage igen.

Hundehvalpemetoden er et utroligt effektivt værktøj, som man kan bruge til at nedbryde sine forældres modstand mod forandringer, der vil have store konsekvenser.

Det er simpelthen en effektiv metode, til at overtale ens forældre til at tage det første store skridt til forandring. Man siger: „Lad os bare prøve det en enkelt gang.“
Når man fremlægger sit forslag så er det af allerstørste vigtighed, at man får det til at virke som om, at det, at man prøver det, IKKE er ensbetydende med at det er blevet besluttet endeligt.
Her må man virkelig spille rollen overbevisende.
Man må få ens forældre til at tro, at de selvfølgelig bare kan lave om på tingene igen, hvis de ikke synes det fungerer.

Det er meget vigtigt at man snyder sine forældre til at tro, at det ikke er en permanent forandring, bare fordi man gør det en enkelt gang.

Hvis de tøver med at give lov, så skal de selvfølgelig have en virkelig god grund, da de ellers er i fare for et hysterisk anfald, som nævnt i et tidligere kapitel.

Elles kan man bruge metoden med straf og belønning til at opdrage ens forældre til at give lov.
En effektiv metode, er at straffe forældrene ved konstant plageri, samtidig med at man lover dem et eller andet de synes om som belønning, hvis de giver lov.

Lad mig give et eksempel.
Du kunne godt tænke dig at få lov til at gå til Thaiboksning, men din mor synes at sporten er for voldelig.
Derfor plager du på følgende måde: „Må jeg ikke godt gå til Thaiboksning? Må jeg ikke nok? AAARJ, altså HELT ÆRLIGT, kom nu… hvorfor ikke? Det er ikke nogen grund. Jeg forstår hvad i siger, og jeg kan godt forstå i har den holdning, men kom nu! **Jeg kan bare starte med at prøve det en enkelt gang, og så kan vi se hvordan det er. Og hvis det er alt for farligt, så respekterer jeg selvfølgelig jeres beslutning, og så stopper jeg bare; men vi kan da godt lige prøve det først, ikke?“(hundehvalpe-metoden)**

Dette ville være en effektiv strategi for at plage, med hundehvalpemetoden inkorporeret.
Som lokkende belønning, for at give dem noget at vinde ved at sige ja, der kunne man eventuelt sige: **„Og hvis jeg får lov, så slår jeg græsset hele sommeren og fejer blade sammen, og så er i simpelthen de bedste forældre i hele verden“-** eller noget lignende øregejl.

ØVELSER:

1. Brug hundehvalpemetoden i løbet af den næste uges tid, men gør det på noget som du føler dig selvsikker på at kunne opnå.

2. Brug god tid på at øve dig i hvordan du vil bruge teknikken, hvordan du vil optræde, hvad du vil sige, hvad du vil gøre, og så videre. Forestil dig at du øver dig til et stort teaterstykke, og at du skal være så godt forberedt som overhovedet muligt til at spille rollen.
Det er vigtigt at starte i det små, når man øver en ny teknik, indtil man kan bruge den uden problemer, og uden at skulle tænke for meget over hvordan man gør.
Når man har brugt metoden et par gange, og fået prøvet den af og har haft succes med den, så kan man bruge den på større ting.

3. Tænk tilbage på dit liv, og find situationer hvor det ville have været effektivt at bruge hundehvalpemetoden, og overvej hvilke ting du ville kunne have fået lov til med metoden.

4. Tænk på hvor du i fremtiden vil kunne bruge metoden.

5. ***LØGNEDETEKTOR.***

Sådan ved du om dine forældre er uærlige eller fulde af løgn.

Kort sagt kan man sige, at kroppen er et spejl for sindet.
Så hvad der end foregår inde i et menneske, det vil komme til udtryk i den måde dets krop opfører sig på.

Når et menneske lyver, bedrager, eller på anden måde er uærlig, så gøres det som regel med ord.
Men vi kommunikerer ikke kun med ord, men også med vores krop, og de fleste af de signaler vi udsender med vores krop er vi ikke selv bevidste og opmærksomme på, og vi har derfor ikke kontrol over dem.
Der er visse signaler, som næsten altid tyder på at folk er uærlige, bedrager, eller lyver.
De mest pålidelige af disse er beskrevet nedenunder.

HUSK: man kan være uærlig på mange forskellige måder.
Ved at give et svar der slet ikke er rigtigt.
Ved ikke at fortælle hele sandheden, og holde noget vigtigt tilbage.
Ved at overdrive.
Ved at underdrive.
Ved at lade som om man ingenting ved.
Ved ikke at ville svare på dit spørgsmål.
Ved at snakke udenom og skifte emne.
Ved at forsøge at få dig til at tro på noget der er løgn, ved at bilde dig en historie ind.
Ved at sige, at man ikke kan huske det.

Det er også vigtigt at skelne imellem den grove og helt bevidste løgn med et ondt formål, og så den hvide løgn der siges, fordi man er nødt til det, eller fordi man vil skåne den andens følelser.

Nedenunder er tretten virkeligt gode tegn på at dine forældre er fulde af løgn, eller på anden måde forsøger at bedrage dig, være uærlig når du spørger dem om noget, eller bilde dig en løgn ind.

HUSK: At hvis dine forældre for alvor er uærlige eller fulde af løgn, så vil der være to eller flere af de tretten tegn på en gang.
Og jo længere og hårdere du borer i deres historie, eller deres løgn, jo flere af disse tegn vil vise sig.
Nervøsitet over et emne, eller et spørgsmål, er som regel et godt overordnet tegn på at her er der noget der ikke stemmer.

HUSK: at når der i forklaringen står at deres øjne bevæger sig til venstre side, så betyder det den side som DU opfatter som venstre, når du ser lige på deres ansigt.

1. Hvis dine forældre har svært ved at se dig i øjnene når de fortæller dig noget, så er de som regel uærlige.
2. Hvis dine forældres øjne farer omkring, og de har svært ved direkte øjenkontakt, når du spørger dem om noget, så er de som regel uærlige.
3. Hvis dine forældre ser op og til venstre imod deres pande og øjenbryn, så betyder det som regel at de finder på billeder, som ikke eksisterer. (Hvis de for eksempel siger at de har været i Kina, og samtidig ser op og til venstre, så er det temmelig sikkert fordi laver et fantasibillede af hvordan Kina ser ud, fordi de ikke har været der i virkeligheden. Hvilket betyder, at de er uærlige.)
4. Hvis dine forældre ser ud til venstre side imod deres øre, så betyder det som regel at de finder på lyde, som ikke eksisterer. (Hvis dine

forældre for eksempel påstår at der er nogen der har sagt sådan og sådan, imens de ser ud til venstre imod deres øre, så er det temmelig sikkert fordi de digter en samtale der aldrig har fundet sted. Hvilket betyder, at de er uærlige.)

5. Hvis dine forældres øjne begynder at blinke meget mere end normalt, så er de som regel uærlige.

6. Hvis dine forældre dækker sig for munden samtidig med at de taler, eller klør sig på næsen, så er de som regel uærlige. Hvis de i det hele taget fører hænderne op til hovedet mere end normalt på nogen som helst måde, så er det et tegn på at de enten selv er uærlige, eller opfatter nogen andre til at være det.

7. Hvis dine forældre ser væk når du forsøger at fortælle dem noget, eller tager sig til ørerne, så er det som regel fordi de ikke tror på dig, eller tror at du på anden måde er uærlig eller skjuler noget.

8. Hvis på den anden side at din mor ser væk, eller tager sig til øret, imens din far fortæller dig noget, så er det som regel fordi han er uærlig eller fuld af løgn.

9. Hvis dine forældre begynder at svede, når du udspørger dem om noget, så er det som regel fordi de er uærlige eller nervøse.

10. Hvis dine forældre pludselig bliver tørre i munden, stammer og falder over deres egne ord, eller har svært ved at svare på dine spørgsmål uden at skulle bruge flere sekunder på at overveje deres svar, så er det som regel et tegn på at de er uærlige eller meget nervøse.

11. Hvis dine forældre begynder at komme med alt for lange indviklede forklaringer, eller begynder at tale udenom og trække tiden ud, så er det som regel et godt tegn på uærlighed.

12. Hvis dine forældre pludselig bliver meget afvisende når du spørger dem om noget, eller ligefrem spiller fornærmede eller vrede og går til modangreb på dig, og samtidig forsøge at afslutte samtalen hurtigst muligt uden at svare direkte, og klart og tydeligt på dit spørgsmål, så er det som regel fordi de skjuler noget og er uærlige.

13. Hvis dine forældre begynder at blive rastløse, pille ved alle mulige ting, eller gnider hænder, for at trække tiden ud, eller forsøge at undgå at svare, så er de som regel uærlige.

ØVELSER:

1. Væn dig til at lægge mærke til og genkende de tretten tegn på andre mennesker, og vurdere om de er fulde af løgn, eller på anden måde uærlige.
Gør det både på dem du ser i fjernsynet, såvel som dine venner, dine forældre og andre voksne.(Husk at skrue ned for lyden på fjernsynet, så du koncentrerer dig udelukkende om kropssprog.)

2. Lav en liste med numrene 1-13, og kryds af hver gang du genkender og opdager nogle af tegnene.

3. Væn dig til at vurdere om folk er ærlige eller uærlige, imens du snakker med dem, og også i hvor høj grad de er det. Læg også mærke til deres tonefald og stemme, når de er det.

4. Væn dig til at lægge mærke til om der er specielle områder ved andre mennesker du kender, hvor de lyver eller er uærlige hele tiden, og hvor de næsten aldrig er ærlige. Læg også mærke til deres specielle personlige måde at opføre sig på, når de er uærlige eller lyver. På den måde kan du med det samme genkende når de er det, fordi du kender mønsteret i deres uærlighed. Overvej til sidst, hvorfor de lyver?
Hvad er grunden og hvad får de ud af det?

5. Vær opmærksom på når du selv lyver eller er uærlig, og hvilke af de tretten tegn du selv viser. Vær også opmærksom på hvilke andre tegn du selv eller andre også bruger.

6. Tænk tilbage på dit liv, og find situationer, hvor dine forældre har udvist nogle af de tegn der står beskrevet ovenfor, og altså tydeligvis har været uærlige eller fulde af løgn.

Læg mærke til om der er et mønster i deres uærlighed og løgn, som du skal være opmærksom på i fremtiden.

7. Tænk på i hvilke situationer du i fremtiden vil være ekstra opmærksom på om dine forældre er uærlige eller fulde af løgn.

8. Analyser, studer og overvej selv, hvad de mest almindelige årsager er til at folk lyver. Øv dig i at se efter dette ”løgnenes naturlige mønster”, så du får en form for løgnedetektor, der advarer dig når der er uærlighed eller løgn til stede i en situation.

6. *KRAFT-TEKNIK.*

Sådan får du kraften, energien og strategien, til at nå alle dine mål.

Kraft og energi er først og fremmest en følelsesmæssig tilstand som man befinder sig i, og som gør at man har den fornødne motivation og de mentale ressourcer, til at handle og gøre ens ideer og mål til virkelighed.

Denne kraftfulde følelsesmæssige tilstand kan man lære at fremkalde bevidst.

Formålet med øvelsen er altså at programmere hjernen til at fremkalde denne følelsesmæssige tilstand, når som helst man ønsker det.

Første trin.

Tænk tilbage på de oplevelser du har haft i dit liv, og find blandt dine minder et tidspunkt, hvor du gjorde noget helt usædvanligt. Det skal være noget der fik dig til at føle at du havde stor kraft og energi.
Noget der fik dig til at føle glæde og optimisme og gåpåmod.
Det skal også være noget, der fik dig til at føle stor selvtillid og selvsikkerhed.
Det skal kort sagt være en af dine største højdepunktsoplevelser i dit liv.
Måske er det et minde om dengang du klarede dig virkeligt godt i skolen, eller til den sport du dyrker.
Hvad som helst kan bruges, så længe det er mindet om et virkelig succesøjeblik!

Andet trin.

Lav nu en lille reklamefilm for dit indre blik af selve dette øjeblik. Gennemgå den lille reklamefilm mange gange, og forsøg at huske helt præcist, hvordan det var at opleve dette højdepunkt.

Gør hele tiden reklamefilmen mere detaljeret, og forsøg at gøre følelsen af succes, kraft og energi, selvtillid og selvsikkerhed, stærkere og stærkere og stærkere!
Hvad så du, dengang du oplevede denne succes?
Hvad hørte du, dengang du oplevede denne succes?
Hvad følte du, dengang du oplevede denne succes?
Hvordan var din krops udtryk, dengang du oplevede denne succes?

Tag dig god tid til at genopleve oplevelsen igen og igen, og sørg for at gøre det igennem dine egne øjne, og ikke udefra betragtende dig selv i situationen. Du skal forsøge at være så meget som overhovedet muligt til stede i situationen sådan som den var dengang, og genskabe de samme intense følelser af succes, energi og kraft, selvtillid og selvsikkerhed, som du havde dengang.
Allerede nu kan du mærke, hvordan du er skiftet til denne utroligt kraftfulde tilstand, ved at tænke tilbage på situationen, og fremkalde de følelser du havde dengang.

Tredje trin.

Nu når du har fundet dette specielt kraftfulde øjeblik, så tænk på dit helt eget specielle kraftord, som du i fremtiden vil bruge til at fremkalde denne følelse.
Dette kraftord bliver det stikord eller den kommando du giver dig selv i fremtiden, når du ønsker at fremkalde denne følelse.

Fjerde trin.

Ret skuldrene op og træk vejret dybt, og sid med rank ryg.
Indtag en position med kroppen der signalerer kraft og energi.

Femte trin.
Lav en knytnæve med hånden.
Dette er en helt naturlig ting vi gør, når vi virkelig føler os stærke og kraftfulde.

Sjette trin.
Luk nu dine øjne i og forstærk mindet af det kraftfulde øjeblik, og føl den intense følelse af kraft og energi du får. Gentag dit kraftord for dig selv, imens du gør det.

Syvende trin.
Læg mærke til når følelsen af kraft og energi er helt på toppen, og her åbner du din hånd og lukker øjnene op.

VIGTIGT: De næste tre dage skal du gentage disse syv trin, så tit du har mulighed for det.
Jo mere du øver dig og gentager de syv trin, jo stærkere en kraftfølelse er du i stand til med det samme at fremkalde.

Når du senere skal bruge den følelsesmæssige tilstand, hvor man har kraft og energi, hvor man føler selvtillid og selvsikkerhed, og kan gøre sine ideer og mål til virkelighed, da skal du blot KNYTTE HÅNDEN OG SIGE DIT KRAFTORD.

ØVELSER:
1. Tænk tilbage på dit liv, og find situationer, hvor det ville have været en stor fordel bevidst at kunne fremkalde stor kraft og energi, selvtillid og selvsikkerhed, og overvej hvordan du ville have brugt denne evne, så tingene ville være gået bedre end de gjorde.

2. Tænk på i hvilke situationer du i fremtiden vil bruge KRAFT-teknikken.

BEVAR KRAFTEN.

Når du fremkalder kraftfølelsen, så er det som regel fordi du har brug for den til at løse en opgave, og nå et mål.

Men hvordan man løser en opgave eller når et mål, det er lige så vigtigt som at have kraften og energien til at gøre det.

Det er det, fordi der er måder at løse opgaver og nå sine mål på, som bevarer kraften og energien, ja som faktisk gør den stærkere og større. Og så er der måder at løse opgaver og nå mål på, som koster så meget kraft og energi, at man løber tør, og ikke gennemfører eller løser den opgave man gerne vil.

Effektiv strategi til at nå mål og løse opgaver:

1. Sørg for at dit mål er klart og tydeligt defineret. Du skal have et klart billede i dit sind af, hvordan resultatet skal være. Se på billedet som et fotografi af hvordan virkeligheden vil se ud når du har nået dit mål eller løst din opgave. Lev dig ind i fotografiet, og oplev hvad du vil se, høre og føle, når du når frem til denne fremtidige virkelighed.

2. Hvordan ved du at du er på vej imod at løse din opgave eller nå dit mål?
En opgave eller et mål består som regel af en række mindre opgaver der skal løses, for at man når frem til det man ønsker.
Tænk over hvad disse er.
Hver gang du løser en af disse opgaver, så er det som om du er et skridt tættere på at nå målstregen.

Det er meget vigtigt at have en måde at måle på, om man er på rette vej til at løse opgaven og nå sit mål. Sørg for at finde en metode til at måle, om du er på rette vej, og om hvor godt det går.

Det gør at du kan STYRE den måde du løser opgaven på.
Det giver dig altså kontrol så du bevæger dig i den rette retning.
Samtidig motiverer det dig, og giver dig kraft og energi, hele tiden at føle at du er på vej imod dit mål, og at det går godt.

Du skal altså lave nogle klare overordnede regler for, hvordan du vil løse en opgave, og for hvordan du kan vide, at du er ved at nå dit mål.

3. Når du går i gang med at løse en opgave, eller nå et mål, så må du sørge for at opgaven er så tilpas udfordrende, at du ikke keder dig og ikke har overskud til at lade dig distrahere.

Omvendt må du også sørge for, at opgaven ikke er så krævende, at du føler du ikke kan løse den, eller føler at du ikke har de evner der skal til.

Opgaven skal altså passe til dine evner og færdigheder, så du VED med dig selv, at du kan løse den. Samtidigt skal den være en udfordring der er så stor, at du ikke lader dig distrahere af noget.

4. Du skal finde ting ved selve opgaven der er spændende.
Du skal finde ud af hvorfor det at løse selve opgaven og gøre dit bedste, er en fornøjelse i sig selv.
Eller med andre ord, det at løse opgaven skal være sjovt, spændende, og noget du ser som en konkurrence, en leg eller en fornøjelse, som du gerne vil udføre, simpelthen fordi du føler det er en fed oplevelse.

ØVELSER:

1. Find en passende opgave, eller et mål, som ikke er alt for stort og uoverskueligt.
Brug så tid på at gå punkterne 1-4 igennem, imens du forestiller dig, hvordan du vil løse opgaven ud fra disse punkters beskrivelse.

Når du har gjort dette, og klart kan se hvordan du vil gøre det som en film i dit sind, så gør det i virkeligheden.

2. Tænk tilbage på opgaver du skulle løse tidligere i dit liv, men hvor det var meget besværligt, og ikke lykkedes, eller hvor det blot var meget ubehageligt og uoverskueligt.
Forestil dig nu hvordan du ville løse opgaven i stedet for, imens du gennemgår punkt 1-4.

3. Brug lidt tid på at tænke over hvilke opgaver eller mål, som du har i dit liv lige nu, eller eventuelt får i fremtiden, og tænk på hvordan du vil løse dem på bedst mulig måde.

HUSK: De ti nøgleopfattelser til fremgang og ressourcer.

1. Gør alt arbejde til en spændende leg, eller et spil, som du nyder, og gør dit yderste for at være dygtig til.

2. Der findes ingen fiasko, kun resultater som du kan lære vigtige ting af, som gør dig bedre.

3. Alt hvad der sker, det har et formål, som kan vendes til din fordel.

4. Alle de ressourcer du behøver, dem har du allerede, eller også er du i stand til at skabe dem.

5. Lige meget hvad der sker, så tag ansvaret, for så bevarer du initiativet og handlekraften.

6. Den største ressource der findes er andre mennesker. Invester i dem, og vær ikke bange for at børe brug af dem. Folk elsker at kunne hjælpe andre med noget, fordi de får en god følelse ud af det. Det er essensen i altruisme.

7. Fremgang og succes kræver engagement og handling.

8. Vær fleksibel. Hvis det, du gør, ikke virker, så skal du ændre din handlemåde, indtil du finder det der gør.

9. Jo flere valgmuligheder du har, jo større magt har du. Valgmuligheder kommer af at kontrollere hv-spørgsmålene. Hvad du laver, hvornår du laver det, hvem du gør det sammen med, hvor du gør det, osv.

10. Drop ethvert spørgsmål der ikke er klart defineret og præciseret, og hvis eventuelle svar du ikke kan handle ud fra.

ØVELSE:

1. Brug god tid på at gennemgå de ti nøgleopfattelser til fremgang og succes. Repeter dem, og tænk over dem, hver morgen og aften en uge i træk, indtil du kan dem udenad.

7. *SLÅ TIL I DET RIGTIGE ØJEBLIK!*

Sådan ved du hvornår du kan opnå det du vil.

Tit og ofte når man ønsker at opnå noget, så er det lige så vigtigt **HVORNÅR** man slår til, som HVORDAN.

Du kan være nok så god til at præsentere Hundehvalpemetoden, og forhandle ud fra FORÆLDRE-FUP-strategien, men hvis du spørger på det forkerte tidspunkt, så kommer du ingen vegne.

Eksempel: Din mor er lige blevet fyret fra sit arbejde, kørte galt i bilen på vej hjem, og knækkede en hæl og en negl tidligere på dagen.
Da er det IKKE et godt tidspunkt at spørge, om du ikke nok må få en ny Pokemon-dims.

Eksempel: Din mor har lige fået lønforhøjelse og er blevet forfremmet på arbejdet, har købt to par fede sko helt uhyggeligt billigt på tilbud, og har lige fået ordnet sit hår, som alle har komplimenteret hende for hele dagen.
Da er det et GODT tidspunkt at spørge, om du ikke nok må få den Pokemon-dims, samtidigt med at du gør brug af de beskrevne teknikker i denne bog.

Med andre ord: Du må lære at blive ligesom en Løve.

Du må observere dit bytte(dine forældre) over et længere stykke tid, indtil du kender deres mønstre og vaner.

Hvornår og hvad gør dem svage, og hvornår og hvad gør dem stærke?

Hvornår og hvad gør dem opmærksomme, og hvornår og hvad gør dem uopmærksomme?

Hvornår og hvad gør dem positive, og hvornår og hvad gør dem negative?

Du må studere dem intenst og opmærksomt!
Til sidst vil du ikke alene være i stand til at kunne aflæse deres følelsesmæssige tilstand, men du vil også kunne forudsige deres adfærd og tankegang 90 procent af tiden.

ØVELSER:

1. Lev dig virkeligt stærkt ind i rollen som en løve der observerer sit bytte, for at lære dets mønstre og vaner, styrker og svagheder, at kende.
Studer dine forældre, og læg godt mærke til alt hvad de gør, og hvornår de gør det.
Kan du sige noget om hvorfor de gør det?
Gør dig notater i en lille notesbog, eller på en blok papir.
Gør dette, indtil du kan aflæse deres følelsesmæssige tilstand, deres tankegang, og forudsige deres adfærd.

2. Tænk tilbage på dit liv, og find situationer, hvor dine forældre tydeligvis har været stærke eller svage, og prøv at regne ud hvorfor.

3. Tænk tilbage på dit liv, og find situationer, hvor dine forældre tydeligvis har været opmærksomme eller uopmærksomme, og prøv at regne ud hvorfor.

4. Tænk tilbage på dit liv, og find situationer hvor dine forældre tydeligvis har været positive eller negative, og prøv at regne ud hvorfor.

Hvordan ville du bedst muligt have kunnet udnytte disse situationer til din egen fordel?

5. Tænk på hvordan du i fremtiden vil udnytte forskellige situationer hvor dit bytte(dine forældre) er i en fordelagtig situation for dig, og planlæg hvordan du vil slå til og gå til angreb.

8. *FJERNBETJENINGEN.*

Sådan kontrollerer og skifter du dine forældres følelsesmæssige tilstand.

Ligesom du i kapitel 6 har lært hvordan du kan fremkalde en bestemt følelsesmæssig tilstand i dig selv, så skal du nu lære at gøre det samme med dine forældre.

I kapitel 7 studerede du dine forældre intenst, og derfor kender du nu deres mønstre og vaner detaljeret, ja, du kan faktisk regne dem ud i 90 procent af tilfældene.
De sidste 10 procent, hvor du ikke kan regne dem ud, og hvor de måske er på vej til at gøre noget der modarbejder dine mål, dem er du nødt til at lære at kunne kontrollere og ændre.

Metoden er simpel:

Hver gang du oplever at dine forældre er i en svag tilstand, hvor de er uden modstandskraft og lige så nemme at forme som modellervoks, så går du med det samme hen og berører dem på en bestemt måde, samtidig med at du siger en bestemt sætning, eller et bestemt ord.

Når du gør det, så programmerer du dem, ved at koble en kommando på denne tilstand.
Den bestemte berøring, sætning eller ordet, er en kommando.
Når du senere bruger denne kommando, så vil tilstanden med det samme blive fremkaldt.

Eksempel: Hver gang din far kommer hjem fra arbejde og ser virkelig træt ud, så giver du ham et klem på armen og siger "Du ser godt nok træt ud far."

Dette gør du så ofte som overhovedet muligt, når han er i en svag og opgivende tilstand, hvor han er træt, og hvor hans modstandskraft er svækket.

Til sidst vil du kunne **FREMKALDE** denne svage tilstand hos din far, blot ved at give ham et klem på armen og sige kommandoen" Du ser godt nok træt ud far.", fordi du har **PROGRAMMERET** ham til, at når du siger dette, så er det ensbetydende med at han er i denne tilstand.

Gør det samme med en positiv tilstand, hvor din far for eksempel er helt vildt glad og positiv.
For eksempel når han er i en tilstand, hvor du ved han vil hjælpe dig og give dig det du vil have, og er i en perfekt tilstand til at forhandle med.
Her kan du for eksempel prikke ham på brystet, imens du siger "Nå, der er vist nogen der er helt på toppen i dag."
Og til sidst vil du naturligvis være i stand til at fremkalde også denne tilstand som det passer dig, blot ved at give kommandoen, som du har programmeret ham til at reagere på.

Tricket i teknikken, er, at koble et bestemt ord, en bestemt sætning, eller en bestemt berøring, sammen med den tilstand du ønsker senere at kunne fremkalde og udløse, ved at give en kommando.
Du udløser så tilstanden ved at du så ved netop bruger det ord, den sætning, eller den berøring, som du har koblet sammen med tilstanden og programmeret ham til at reagere på, og som nu er blevet til en kommando som udløser denne tilstand.

Du kan programmere alle former for tilstande, så du til sidst har en hel lille fjernbetjening af kommandoer over adfærd og følelser, som du ønsker at kunne fremkalde i dine forældre.

Og der er virkelig mange områder hvor dette er brugbart.
Eksempel: Du har lavet et eller andet, som du ved din mor ikke er helt tilfreds med. Faktisk er hun stiktosset på dig. Men heldigvis har du programmeret din mor, hver gang hun var vred eller irriteret, eller på anden måde negativ på din far. Nu fremkalder du denne tilstand i din mor, og pludselig er hun vred og irriteret på din far, i stedet for dig, og nu retter hun alle de negative følelser imod ham uden helt selv at forstå hvorfor, og du slipper.

Eksempel: Du har for en gangs skyld tænkt dig at spørge om lov til noget, så derfor venter du indtil det er et godt tidspunkt til at slå til på, som var du en løve. Når tidspunktet er inde, så forstærker du yderligere denne positive tilstand, ved at bruge det signal du har programmeret en positiv følelsesmæssig tilstand i dine forældre med. Nu har du det bedste grundlag for forhandling.

Eksempel: Du ser din far eller mor gå og blive ved med at tænke over et eller andet, der gør dem negative eller triste, eller på anden måde i dårligt humør.
Det ændrer du nu ved at fremkalde en anden tilstand, hvor de er i fremragende humør og er optimistiske og positive.
Så har de det godt med sig selv, og du slipper for at se på deres tudefjæs.

ØVELSER:

1. Programmer i det mindste to kommandoer på hver af dine forældre.
En der fremkalder en negativ tilstand, hvor de er svage og trætte.
En der fremkalder en positiv tilstand, hvor de er stærke og venligtsindede overfor dig.
Find en sætning og/eller en bestemt type berøring til hver af de to programmeringer ovenfor, og begynd at koble denne sammen med dine forældres positive/negative tilstande.

2. Tænk over, i hvilke situationer du vil have fordel af at ændre dine forældres følelsesmæssige tilstand fra positiv til negativ, eller fra negativ til positiv.
Begynd så at udnytte denne fordel, til at nå dine mål.

3. Tænk tilbage på dit liv, og find situationer, hvor det ville have været godt at kunne bruge fjernbetjeningen til at skifte deres følelsesmæssige tilstand.

4. Tænk på hvilke situationer du i fremtiden vil bruge, til at programmere dine forældre, ved at koble en kommando på denne tilstand.

5. Tænk på hvordan du i fremtiden vil bruge fjernbetjeningen til din egen fordel, men også til dine forældres fordel for at hjælpe dem med at skifte til en bedre og mere fordelagtig tilstand.

9. *SPØRGSMÅLENES MAGT.*

Sådan bestemmer du hvad dine forældre tænker og fokuserer på.

De spørgsmål vi stiller os selv, de kontrollerer mere end noget andet, hvordan vores liv former sig.

Spørgsmål er det der bestemmer i hvilken retning vi skal tænke, og hvad vi søger efter.

Spørgsmålene bestemmer hvordan vi forsøger at løse et problem, og hvilke vi fokuserer på.

Spørgsmål styrer i høj grad hvad vi føler og gør.

Derfor er det **VIRKELIGT VIGTIGT**, at man bliver god til at stille spørgsmål der styrer en hen imod det man ønsker, på den bedst tænkelige og mest effektive måde.

Som barn kan du diskret styre dine forældre i en bedre og mere effektiv retning, eller blot en retning du er mere interesseret i, ved helt uskyldigt at stille et spørgsmål, der får dem til at skifte fokus.

Lad mig give et eksempel:
Forældre, og voksne i det hele taget, har det med at fokusere på de forkerte ting.
For eksempel så fokuserer de ofte på problemerne, og det kommer man jo ikke rigtigt nogen vegne med, andet end at de ser ud til at blive større.

Det er meget mere effektivt at fokusere på LØSNINGEN, for så er det DET man søger hen imod, og det får man det straks meget bedre med. De mest effektive og succesfulde mennesker bruger aldrig mere end maksimalt 5-10 procent af deres tid på at fokusere på problemerne. Resten af tiden, det vil sige 90-95 procent af tiden, den bruger de på at fokusere på løsningen.
Og det er derfor de finder den.

Derfor er det vigtigt at være bevidst opmærksom på, om man fokuserer på problemet eller løsningen, og bevidst være i stand til at skifte fokus når det er nødvendigt.

Lad os sige at der er gået ild i gardinerne.
Så er det hverken en god ide eller særligt effektivt, at dine forældre fokuserer på problemet med at der er ild i gardinerne, og spørger sig selv hvordan der er gået ild i gardinerne, hvem der har skylden, osv.

Det er en meget bedre ide og meget mere effektivt, at de fokuserer på LØSNINGEN, og spørger sig selv, hvordan man får slukket ilden så hele huset ikke brænder ned.

Lad os nu sige, at der er ild i gardinerne og huset er på vej til at brænde ned, og du har opdaget at dine forældre fokuserer på problemet og er godt i gang med at skændes, og derfor ikke finder nogen løsning.
Så kunne du forsigtigt bryde ind og sige: „Undskyld jeg afbryder, men hvordan får vi slukket ilden i gardinerne så hele huset ikke brænder ned?"
Og pludselig har man fundet en løsning der får slukket branden, så huset ikke brænder ned.

På den måde kan du vejlede dine forældre, og styre deres fokus med spørgsmål.

Et andet eksempel kunne være hvordan spørgsmål styrer tanker og følelser.
Lad os sige, at du spørger dine forældre, hvorfor noget ikke kan lade sig gøre.
Så vil de komme med en million svar på, hvorfor det netop ikke kan lade sig gøre.
Lad os nu i stedet sige, at du spørger dine forældre, hvordan noget GODT KUNNE lade sig gøre, så vil de komme med en million svar på, hvorfor det måske netop godt kunne lade sig gøre.

(De vil måske forsøge at fortælle hvorfor det netop ikke kan lade sig gøre, men når de gør det, så svarer de i virkeligheden på spørgsmålet om hvorfor det IKKE kan lade sig gøre. Og det var jo ikke det du spurgte dem om, vel? Du skal insistere på at de besvarer dit spørgsmål, om hvorfor det GODT KUNNE lade sig gøre, og så vil de finde en million grunde til det.)

Forstår du?

Det du spørger om, det vil hjernen altid finde bekræftende svar på, for hjernen er en historiefortæller der elsker at digte. Det er det, som hele verden er: den er et stort teaterstykke, som hjernen opfører for sig selv, for dig, som du kan betragte og handle i. Spørgsmål er ligesom at bede teaterdirektøren om at sætte et bestemt teaterstykke op.

På samme måde, så er nogle børn så uheldige at være udstyret med forældre, der altid render rundt og spørger sig selv om hvorfor de ikke duer til noget.
Og så finder deres hjerne en million grunde der bekræfter det.

Og når de bliver bekræftet i at de ikke duer til noget, så tror de at de ikke duer til noget, og når man tror at man ikke duer til noget, så gør man det heller ikke.

Det kan man imidlertid nemt ændre, ved simpelthen at spørge sine forældre, hvorfor de er så gode/dygtige/, og hvordan det kan være, at de bare er så fantastiske til et eller andet. (Insister på at de svarer på DIT spørgsmål.)
For så vil deres hjerne finde en million grunde der bekræfter dem i at de er gode til noget, og så tror de at de er gode til noget, og når man tror at man er god til noget, så er man det som regel også.

Det er altså vigtigt, at man er opmærksom på hvilken slags spørgsmål ens forældre stiller, og sørger for at det er nogle, som gør dem stærke og effektive, glade og optimistiske.

Gør du det, så vil det i sidste ende give bonus til dig selv.

Her er 20 af de virkelig effektive spørgsmål, som er gode at stille sine forældre(og sig selv), så man opdrager dem til selv at tænke på den måde:

1. Hvad er den fantastisk spændende udfordring ved dette problem?

2. Hvad er ikke helt perfekt endnu?

3. Hvad skal jeg gøre, for at få det jeg gerne vil?

4. Hvordan kan dette problem lære mig noget, så det ikke gentager sig?

5. Hvordan kan jeg vende dette problem, så det bliver en fordel?

6. Hvad er det positive ved dette her?

7. Hvordan kan jeg bruge denne her situation?

8. Hvad er det mit liv handler om?

9. Hvad er jeg virkelig begejstret for og engageret i?

10. Hvad skal jeg bruge, for at løse dette problem?

11. Hvad skal der til for at jeg kan løse dette problem?
12. Hvad er løsningen?
13. Hvad er den bedste løsning på dette problem?
14. Hvad er det vigtigste at fokusere på?
15. Hvad er det vigtigste at prioritere?
16. Hvad betyder de her ting for mig?
17. Hvad skal jeg gøre, for at opnå det jeg ønsker?
18. Hvad virker, og hvad virker ikke, og hvor skal jeg skride til handling?
19. Hvad er jeg virkelig glad for i mit liv lige nu?
20. Hvorfor er det her vigtigt for mig?

Gennemgå listen med de 20 spørgsmål, og se på den som din værktøjskasse, over effektive spørgsmål.

ØVELSER:

1. Gennemgå værktøjskassens 20 effektive spørgsmål, og omformuler dem til dine egne ord, og lav variationer over dem. Find også på dine egne stærke og effektive spørgsmål.

2. Læg mærke til og vær opmærksom på hvilke gode og dårlige spørgsmål, som du og dine forældre stiller jer selv, og skift de dårlige ud, og vær stolt over de gode.

3. Øv dig i at skifte hvad du eller dine forældre fokuserer på, ved at stille spørgsmål.

4. Øv dig i at fremkalde bestemte tanker og følelser i dine forældre, ved at stille dem spørgsmål der gør, at de fokuserer på netop det du ønsker.

5. Tænk tilbage på dit liv og det du har oplevet, og tænk over, hvor det ville have været bedre for dig selv eller dine forældre, at stille andre spørgsmål og fokusere på andre ting, end det i gjorde dengang.
Hvilken slags spørgsmål kunne man have stillet i stedet?
Hvad kunne man have fokuseret på i stedet for?
Har du oplevet, at du selv eller dine forældre har fokuseret på problemet i stedet for løsningen?

6. Tænk på i hvilke situationer du i fremtiden vil bruge teknikken og ændre på hvad dine forældre fokuserer på, og hvordan du vil gøre det.

10. *ORDENES MAGT.*

Sådan bestemmer du hvordan dine forældre vurderer, opfatter og fortolker noget.

Ligesom spørgsmålene er det der styrer hvad et menneske fokuserer på og hvordan, så er ordene og den måde vi siger dem på, det der styrer hvordan et menneske beskriver en ting, og dermed hvad det føler om den ting.

Ved at være opmærksom på de ord dine forældre bruger, kan du ændre deres fortolkning af en ting, ved at bruge en anden beskrivelse end det de gør.

Eksempel: Lad os sige, at din mor har køb en billig kjole på tilbud, og har sparet tohundrede kroner.
Det fortæller hun dig, samtidig med at hun siger „Det gør mig helt **glad**"
Du beslutter dig for at forstærke denne følelse af glæde hos hende, og siger derfor „Ja, det var da helt **super-duper-fantastisk! Hvor ER du bare heldig, at finde den på tilbud**."
Det giver hun dig selvfølgelig ret i, og Hokuspokus, så har du ændret den måde hun fortolkede en situation på, og hvordan hun følte omkring den.

Du kan selvfølgelig også formindske den følelse, ved at sige „Nå?, ja, det er vel **udmærket**."
Og pludselig er hun ikke så glad længere, for det er kun en "udmærket" ting at hun fandt kjolen på tilbud.

Med ordene og måden du siger dem på, så kan du altså omskrive fortolkninger af situationer, og skrue op og ned for følelserne som du vil.

Ord kombineret med et spørgsmål er også virkeligt effektivt, for her kan du helt ændre opfattelsen af en situation.
Eksempel: Din mor har fundet en kjole på tilbud til 200 kroner. Hun siger „Det var da **heldigt** at **jeg** lige så den på **tilbud!**"
Du siger: „**Synes du virkelig?** Er det ikke nærmere **forretningen der er heldig**, når nu de fik dig **lokket** til at købe den, så de kunne **tjene nogle penge på dig?**"
Og pludselig er situationen ændret fra at have været et held og en positiv ting for din mor, at hun købte kjolen på tilbud, til at være hende der er blevet groft udnyttet, fordi hun var så dum at lade sig lokke og falde for butikkens salgstaktik.
Det er blevet en negativ ting at hun købte kjolen på tilbud.

På denne måde at omskrive og omformulere folks opfattelse af en situation, kan bruges i utroligt mange sammenhænge, med stor fordelagtighed, hvis blot man er opmærksom på det.

Her gives blot to gode eksempler:

DU har dummet dig med et eller andet:

Eksempel: Du har knust en rude i baghaven med din fodbold.
Din far siger: „Sådan noget pis! Det er **fanme** bare perfekt med en baldret rude søndag morgen, **din store idiot!**"
Du vil gerne ændre hans opfattelse af situationen, så han ikke længere er så vred på dig, og også hans opfattelse af hvordan det er foregået.
Du siger: „Ja, det var **ret uheldigt** far. Jeg er ked af at jeg er **så klodset**."

Pludselig er du ikke længere en idiot der har lavet en brøler, men en stakkels knægt der har været en smule klodset, og haft et uheld, sådan som det sker for os alle sammen en gang imellem.

DINE FORÆLDRE har dummet sig med et eller andet:

Eksempel: Din mor har lovet at hente dig fra skole, men glemmer det, og du må selv gå hjem.
Da du kommer ind ad døren siger din mor: „Gud, **det må du undskylde**, lille skat, det havde jeg **helt glemt**! Det **var godt** du selv kunne finde hjem. **Har du ellers haft en god dag?**"
Tydeligvis prøver din mor at underdrive hendes brøler, og forsøger at få dig til at skifte fokus med hendes sidste spørgsmål.
Du vil på din side gerne give din mor rigtig dårlig samvittighed, fordi du så ved, at hun vil købe dig det par rulleskøjter du ønsker dig, for at bestikke dig til at blive god igen, og så hun samtidig kan lette sin egen samvittighed ved at gøre det godt igen.
Så derfor beslutter du dig at omskrive opfattelsen af situationen.

Du siger: „Om jeg har haft en god dag? –**helt ærligt**, **hvad tror du selv?**, når min mor er **FULDSTÆNDIG ligeglad med mig**. Det grænser **fanme til børnemishandling**, det her. **At du overhovedet kan være dig selv bekendt**. Godt nok har jeg her **på det sidste følt at du svigter mig på en del punkter**, men det her … **det troede jeg bare ikke om dig, mor, sådan troede jeg ikke at du var**." osv.
Og så kan du ellers godt begynde at overveje, hvad farve de rulleskøjter skal have!

ØVELSER:

1. Vær opmærksom på hvordan folk, og især dine forældre, beskriver forskellige situationer.

Hvordan opfatter de tingene og fortolker dem?- er der et specielt mønster?
Hvilke ord bruger de?
Hvilke ord kunne bruges i stedet for, hvis man ville ændre på følelserne i en mere positiv eller negativ retning?
Hvordan kunne man omformulere beskrivelsen af situationen, hvis man ønskede at ændre deres fortolkning og opfattelse?

2. Øv dig i at finde stærkere og svagere versioner af et ord: for eksempel kunne en svagere udgave af "godt" være "nogenlunde" mens en stærkere kunne være "fantastisk." Begynd så at bruge teknikken, og forme folks opfattelse og fortolkning.

3. Tænk over i hvor mange forskellige situationer tidligere i dit liv, at det kunne have været nyttigt at ændre dine forældres opfattelse og fortolkning, og hvordan du ville have gjort det.

4. Tænk over i hvor mange forskellige situationer tidligere i dit liv, hvor det kunne have været nyttigt at ændre dine forældres følelser i en stærkere eller svagere retning, og hvordan du ville have gjort det.

5. Vær opmærksom på hvornår du har mulighed for at kontrollere opfattelsen og fortolkningen af noget, ved at omskrive og bruge andre ord.

6. Tænk på hvor du i fremtiden bevidst vil gøre brug af teknikken, til at ændre dine forældres opfattelse eller følelser til din fordel, på den ene eller anden måde.

1. *PEDRO DEN PESSIMISTISKE PINGVIN.*

Der var engang en enlig pingvinmor på sydpolen, som hed Pia.
Og hun var helt vildt pessimistisk.
Bag hendes ryg blev hun derfor af alle kaldt for Pia den pessimistiske pingvin.

Om Pia den pessimistiske pingvin var blevet pessimistisk af at hendes mand forlod hende, eller om han forlod hende netop fordi hun var pessimistisk, det var der delte meninger om.
Hvorom alting er, så var hun nu alenemor med sin lille søn Pedro.

Pessimistisk som Pia var, så var der aldrig noget ved Pedro der var godt nok …
Der var aldrig noget Pedro gjorde, som var flot nok …

For Pia den pessimistiske pingvin var livet et stort uløseligt problem, verden var en elendighed, og det ville bare aldrig nogensinde blive bedre.

Og i øvrigt var det alt sammen HANS skyld; altså ikke Pedro men hans far, der forlod Pia pingvin dengang hun var gravid.
Men at det ikke var hans skyld, det var nu ikke altid at lille Pedro pingvin gennemskuede det.

Sådan gik årene, indtil Pedro pingvin var en ung mand.
Han fandt sig en kæreste, sådan som man nu engang gør.

Men der var aldrig noget ved hende der var flot nok …
Og der var heller aldrig noget hun gjorde som var godt nok …

Og så blev hun gravid …

Men DET kunne Pedro pingvin overhovedet ikke overskue …

Pedro følte bare, at livet var et stort uløseligt problem, at verden var en elendighed, og at det aldrig nogensinde ville blive bedre.
Sådan havde han altid haft det uden at han rigtigt vidste hvorfor.
Men sådan havde han det i hvert fald.
Og en gravid kæreste, det var simpelthen det der skulle til, for virkelig at give ham kvælningsfornemmelser.

Men det var jo også lige meget, for der var jo ingenting ved hende der var flot nok, og intet hun gjorde var godt nok, og livet var bare et stort uløseligt problem, verden var en elendighed, og det ville aldrig nogensinde blive bedre.

Så derfor skred Pedro den pessimistiske pingvin fra kællingen …

BONUS-INFO TIL FORÆLDRE:

Det er ikke det der sker for os her i livet, der er det afgørende for hvordan vi oplever og opfatter vores eksistens.
Det afgørende er hvorledes vi vælger at fortolke.
Du definerer selv reglerne for hvordan du fortolker og vurderer verden, livet og dine medmennesker; og disse former din oplevelse og opfattelse af disse ting.
Hvis din oplevelse og opfattelse af verden, livet og dine medmennesker er entydigt negativ, så er det nok ikke dem der er noget galt med, men nok nærmere reglerne for hvordan du vurderer og fortolker.
Sørg for først at skifte fokus fra alt det du finder negativt og problematisk i dit liv, til alt det du finder positivt og berigende.
Sørg derefter for at fokusere på løsningen, i stedet for problemet.
HUSK: De spørgsmål vi stiller os selv bestemmer hvad vi fokuserer på.

Sørg derefter for at redefinere reglerne for hvordan du fortolker og vurderer, således at ikke enhver lille fejl eller detalje får dig til at se glasset som halvt tomt. Dit kriterium for succes er måske sat for højt, eller ud fra forkerte præmisser.
HUSK: De ord vi bruger til at beskrive det vi oplever, er afgørende for vores opfattelse, og for hvad vi føler.

2. DEN SLUKØREDE BAVIAN.

Den slukørede bavian.

Der var engang en lille bavian, og ham var der mange spilopper i.

„Far far, skal vi ikke klatre i træer og lege tagfat?“
„Nej, du, det har jeg ikke tid til lige nu. Der er finansnyheder i fjernsynet.“
„Øv altså …“
„Jamen sådan er det nu engang min dreng. Når man er voksen er der visse ting man er nødt til at følge med i, som er virkelig vigtige.“
Så gik den lille bavian slukøret bort, imens han følte sig ked af det og alene.
Men han kom snart igen en anden dag.

„Far far, skal vi ikke tage ud og fiske sammen?“
„Nej, desværre min dreng, jeg har ikke tid lige nu. Jeg skal på arbejde.“
„Øv altså …“
„Jamen sådan er det nu engang min dreng. Når man er voksen er der visse ting man er nødt til at gøre, som er virkelig vigtige.“
„Men du er jo næsten aldrig hjemme …“
„Det er fordi det er vigtigt at have en karriere.“
Så gik den lille bavian slukøret bort, imens han følte sig ked af det og alene.
Men han kom snart igen en anden dag.

Og sådan fortsatte det.

Årene gik, og den lille bavian voksede op og blev en voksen bavian, og fader bavian blev en gammel bavian.

Fader bavian greb knoglen på plejehjemmet og ringede til sin søn.
„Ja hallo? …"
„Det er mig, din gamle fader bavian."
„Jamen hej, lang tid siden sidst. Jeg havde godt nok tænkt mig at ringe, men du ved hvordan det er, man har så travlt når man er voksen, og…"
„Ja ja, det forstår jeg da godt. Men sønnike sønnikke, skulle vi ikke tage ud på en fisketur sammen?"
„Altså, det passer bare ikke ret godt lige nu, vel. Jeg har jo en karriere og der er finansnyheder i fjernsynet, og desuden er der en hel masse ting, som jeg er nødt til at gøre og følge med i. Sådan er det jo at være voksen- du kender det jo selv …"
„Ja… ja, det gør jeg vel. Men undskyld jeg forstyrrede så."
Gamle fader bavian afbrød forbindelsen og lagde røret på.
Så gik gamle fader bavian slukøret bort, imens han følte sig ked af det og alene.
Men han kom aldrig igen, for det gør man nemlig ikke derfra hvor han gik hen …

BONUS-INFO TIL FORÆLDRE:

HUSK:"you get what you give", OG-
Der er vigtigere ting at prioritere her i livet, end finansnyheder, karriere, og alle de andre ting som vi lige her og nu synes er så frygteligt vigtige, men som vi når alt kommer til alt ikke regner for noget som helst.
Tid er ikke noget man har, det er noget man tager sig.
Det er nemlig ikke tiden det er galt med, det er prioriteterne.
Tænk over hvordan og hvad du prioriterer i dit liv, og hvorfor.
HUSK: 80/20 reglen der siger, at 80 procent af konsekvenserne stammer fra 20 procent af årsagerne.
80 procent af resultaterne stammer fra 20 procent af tiden og indsatsen.

Prioriter og find tid, med følgende tre spørgsmål:

1. Fra hvilke 20 procent stammer 80 procent af mine problemer og vanskeligheder?

2. Fra hvilke 20 procent stammer 80 procent af min lykke og de resultater jeg søger?

3. Er de handlinger jeg foretager mig noget der bringer mig tættere på mine mål, eller handler jeg bare for handlingens skyld?

Hvis der ikke er plads til at klatre i træer og tage på fisketur, hvad er så overhovedet meningen med det hele?

3. *DE RYGENDE RÆVE.*

For Hr. og fru Fox startede det allerede da de var helt unge.

Begge var de blevet forblændet af reklameskiltene og annoncerne, og alle tidens store idoler, hvis karisma og glamourøse livsstil ved association blev kædet sammen med det at ryge.

Og man ville jo gerne være som dem, og leve et liv som dem, og når man nu ikke kunne det- i hvert fald ikke lige nu, - så kunne man jo altid gøre lige som dem, imens man drømte og håbede.

Derfor fyrede Jan Fox op i en ung alder, og stod og hang ud i det lokale rygeskur med sine kammerater, og følte sig lidt som en cowboy med hård machoattitude- ligesom ham i reklamen.
Og derfor fyrede Henriette Fox up i en ung alder, og hang ud med veninderne på værelset tilhørende den af dem der havde den mest liberale mor- det vil sige uansvarlige- og følte sig lidt som en femme fatale filmstjerne med sexappel- ligesom hende i reklamen.

Efterhånden blev de voksne, og kunne nu erkende rent intellektuelt, at det der med at ryge, det nok ikke var så smart alligevel når det kom til stykket.

Men så kom alle de dårlige undskyldninger, eller rettere: de rigtigt gode, for det var de jo netop- synes de i hvert fald selv-, siden de tillod dem at fortsætte med selvdestruktionen.
Problemet var nok også, at argumenter er rationelle og logiske, hvor behovet for cigaretterne var blevet irrationelt og følelsesmæssigt.
I konkurrencesamfundet var cigaretterne blevet regressionen til den betryggende sutteklud.

Jan og Henriette mødte hinanden til et cocktailparty og fandt sammen. Hun syntes Jan lidt lignede en maskulin cowboy sådan som han stod der og røg selvsikkert på sin cigaret, og han syntes Henriette lidt lignede en femme fatale filmstjerne og udstrålede massiv sexappel sådan som hun stod og røg nonchalant på sin cigaret.
Det var kærlighed ved første genkendelse af ungdommens reklameideal.

Så de fandt sammen.
Og flyttede i hule sammen.
Blev gift og stiftede familie sammen, og fik altså børn.
Tre små ræveunger.

Da opdagede Jan og Henriette Fox, at det der med at blive forældre, det har en tendens til at modne en og vække en større ansvarsfølelse.
Godt nok tænkte de på at stoppe med cigaretterne, og de prøvede da også sådan halvt om halvt et par gange.
Men alle de gode dårlige undskyldninger blev ved med at dukke op, og suttekluden giver man jo ikke gerne afkald på.
Så det blev ved de halvhjertede forsøg på at stoppe.

Godt nok fik deres ræveunger astma og begyndende rygerlunger som konsekvens, men det gik nok alt sammen.
Nu skulle man jo heller ikke overbeskytte de små krapyl.
Det blev selvfølgelig en hel del værre, da jagtsæsonen gik ind på rygende ræve, så at de nu kun kunne ryge under private former.
Det vil sige derhjemme i hulen, hvor ræveungerne med astma og begyndende rygerlunger holdt til.
Men så døde Henriette Fox heldigvis af lungekræft, og det fik Jan Fox til at vågne op.

Han stoppede med at ryge, og så levede han ellers ulykkeligt til sine dages ende som enlig far til tre ræveunger, hvis astma og begyndende rygerlunger gik i sig selv igen.

BONUS-INFO TIL FORÆLDRE:

Tør øjnene og tag dig sammen, for sværere er det sgu heller ikke. Et totalt og livslangt rygestop kræver kun tre ting:

1. Vilje.

2. Vægtstangsprincippet og fantasien.

3. Et æggeur, en A5-notesbog og en kuglepen.

1. VILJE:

Først og fremmest må du have **viljen** til at træffe beslutningen om, at nu **skal** det være nok med det selvdestruktive lort.
Fyld de første tre til fem sider i notesbogen med begrundelser for, hvorfor du nu **en gang for alle VIL** stoppe med at ryge.
Du vil ikke forsøge, og du vil ikke prøve …
Du **VIL** stoppe med at ryge.
DU vil stoppe med at ryge.
Du **KAN** stoppe med at ryge.

2. VÆGTSTANGSPRINCIPPET OG FANTASIEN:

Arkimedes sagde: "Giv mig en **vægtstang** der er tilstrækkeligt lang og et fast punkt at stå på, så skal jeg løfte verden på egen hånd."
Charles F. Kettering sagde: Det er vores egen **fantasi-og intet andet-** der sætter grænsen for, hvor langt vi kan håbe at nå i fremtiden.

A: Afsæt 30 sider i notesbogen, og fyld de fem første ud med en beskrivelse af, hvor elendigt du egentligt har det med at ryge.
Hvor klamt det er, hvor mange penge det er spild af, hvordan du frygter at få kræft og dø af det, osv. osv. Beskriv din nuværende situation som ryger i de værste og mest negativt ladede vendinger.
Beskriv også hvordan fremtiden vil forme sig, hvis du fortsætter i samme spor, uden at ændre kursen. Brug din fantasi, så du helt levende kan forestille dig din fremtidige elendighed, **FOR DIG SELV**

OG DE MENNESKER DU ELSKER OG HOLDER AF, hvis du ikke stopper.

B: Brug din vilje, og beslut dig for lige nu og her, at stoppe med at ryge. Giv dig selv dette løfte, og find tre af de mest kvalmende ting du kan forestille dig, som giver dig brækfornemmelser, og som du vil straffe dig selv med, hvis du starter igen. Sværg ved alt hvad du har kært og holder helligt, at dette ikke er tomme trusler, men grusomme løfter du vil holde for enhver pris. Brug din fantasi til levende at forestille dig hvordan du rent faktisk vil gøre alvor af disse tre ting, såfremt du ikke holder dit løfte.(**ANBEFALING:** forestil dig hvordan du straks vil tage en gaffel, gå ud på gaden, og spise den nærmeste hundelort, hvis du bare tager et eneste hiv mere på en cigaret.)

C: Afsæt de næste 30 sider i notesbogen, og fyld de fem første ud med en beskrivelse af hvor totalt overdrevet fedt du har det med nu at være stoppet med at ryge. Beskriv alle dine opløftende og positive følelser og tanker.
Beskriv din fremtidige situation i de mest positive vendinger.
Hvor stor en succes det vil være, hvor mange penge du vil spare, alle sundhedsfordelene, osv. osv.
Brug din fantasi til levende at forestille dig den mest positive og nydelsesfulde fremtid som overhovedet muligt, **FOR DIG SELV OG DE MENNESKER DU ELSKER OG HOLDER AF,** som du nu er på kurs imod.

Forklaring: Viljen er afgørende for den kortsigtede og indledende handlingsfase, hvor beslutningen tages, og man går i gang.
Fantasien er afgørende for det langsigtede resultat, for hvis du ikke kan se det for dig, så kan du heller ikke gøre det.
Hvis du ikke kan forestille dig selv som andet end ryger, så bliver du det heller ikke. Hvis vilje og fantasi modarbejder hinanden, så vinder

fantasien altid i det lange løb. Hvis vilje og fantasi derimod samarbejder, så er der ingen begrænsning for hvad man kan opnå.
Det at du ryger, er det problem du prøver på at løfte.
Viljen er det faste punkt du står på.
Fantasien er vægtstangen.
Men hvad er den vægt der trækker ned på stangen?
Det er alle de ting du har angivet som årsager til hvorfor du skal og vil stoppe med at ryge.
Det er den væmmelse og det ubehag du føler ved din nuværende situation som ryger.
Det er den tilfredsstillelse og personlige succes du føler ved at være stoppet som ryger.
Det er den positive og nydelsesfulde fremtid du går i møde når du nu har ændret kurs, og som du kan se et klart og levende billede af for dig selv. Dette billede er din ledestjerne.
Det er de løfter om grusom afstraffelse som du har lovet dig selv, såfremt du fejler.
Alt dette er den vægt der tynger ned på vægtstangen, og løfter dit problem.

3. <u>ÆGGEURET/PROCEDUREN:</u>

Trangen til at ryge vil selvfølgelig dukke op.
Når den gør det, så tager du æggeuret frem, og stiller det på fire minutter. Man har nemlig fundet ud af, at trangen som regel kun varer i tre minutter. Find din notesbog frem, og start med at læse de tre løfter om straf op for dig selv fra punkt **B**, så du associerer trangen med at ryge, med den kvalme som de vækker. Har du for eksempel noteret den jeg anbefalede med hundelorten ind, så vil du få kvalme når du med din fantasi levende forestiller dig, at du rent faktisk æder en hundelort. Til sidst vil trangen til at ryge automatisk udløse den kvalmende fornemmelse, fordi de to ting er blevet koblet sammen ved association, i din hjernes neurale spor.

Efter dette bruger du de resterende tre minutter på æggeuret til at gennemgå siderne under punkt **A,** i notesbogen og fylder lidt mere på, samtidig med at du forbander din krop langt væk for at have denne trang, som du ikke ønsker.
Når æggeuret ringer, er trangen til at ryge gået væk. Mærk selv efter, og bliv forbløffet.
Nu stiller du æggeuret til at ringe efter to til tre minutter, hvor du gennemgår siderne under punkt **C,** og fylder lidt mere på, imens du skamroser din krop fordi trangen er væk, og dig selv fordi du holder dit løfte, og har succes med din beslutning. Sørg for virkelig at føle og nyde dette succesøjeblik.

FEEDBACK-MEKANISMER:

1. På en eller to sider i notesbogen skriver du tallene fra 1 til 100. For hver gang du føler trangen til at ryge, stiller du æggeuret, og følger proceduren under punkt **3.** Samtidig krydser du det næste tal ud. Beslut dig for at gennemføre denne procedure indtil den ikke længere er nødvendig, fordi rygetrangen simpelthen ikke viser sig. Eller som minimum 100 gange, inden du kaster håndklædet i ringen. Hvis du ikke er parat til at kæmpe hundrede omgange for dit liv og helbred, så er du altså bare et skvat.
Allerede efter 20 gange med proceduren, er de neurale spor og forbindelser du danner i hjernen derved, blevet utroligt stærke.
De fleste når ikke op på 50 gentagelser af proceduren, før den spontant opdukkende rygetrang er forsvundet, samtidigt med at den bevidste tanke om at ryge udløser øjeblikkelig fysisk kvalme og ubehag.

2. Sørg for at bruge 5-10 minutter hver morgen når du står op på at gennemlæse notesbogen, for at repetere og styrke din vægtstang. Gør ligeledes det samme hver aften inden du går seng, og lykønsk samtidig dig selv med endnu en vel gennemført dag, hvor du har succes med dit forehavende.

3. Sørg for at belønne dig selv, med et eller andet du finder nydelsesfuldt og tilfredsstillende, for at forstærke den udviste adfærd. Find på passende belønninger som du kan tildele dig selv efter følgende milepæle: Den første dag/Efter tre dage/Efter en uge/Efter to uger/Efter tre uger/Efter en måned/Efter to måneder/Efter tre måneder/Efter et halvt år/Efter et helt år/+hvert år derefter.
(og lad nu være med at være nærig med belønningerne, tænk blot på hvor mange penge du sparer på at stoppe det økonomiske afløb det er at ryge.)

4. *KUN ET LIV PER PERSON.*

Karen kat var en enlig kattemor, der kun havde en enkelt kattekilling der hed Karina kat.
Og Karina kat var blomsten i hendes liv, og alt hvad hun elskede og holdt af.

„Mor få nu den sikkerhedssele på!“, sagde Karina kat altid til sin mor når de var ude og køre i bil.
Hun var nemlig bekymret for hvad der ville ske med sin mor hvis de kørte galt, og hun ingen sikkerhedssele havde på.

„Nu skal du ikke være hysterisk!“, sagde Karen kat altid til sin datter, for hun var vel den voksne i det selskab og Karina kat barnet, og som voksen vidste hun vel nok hvad hun gjorde.

„Mor vil du ikke godt tage den sikkerhedssele på, for hvad nu hvis vi kører galt?“, nærmest tiggede Karina kat sin mor, for hun elskede virkelig sin mor utroligt højt, og ville ikke at der skulle ske hende noget.

„Hold nu op med det pjat!“, sagde Karen kat, „Selvfølgelig kører vi ikke galt. Hvor mange gange har vi to ikke kørt i bil sammen, og i hvor mange år inden du kom til verden, søde lille overreagerende Karina kat, har jeg ikke været bilist, uden så meget som at lave en bule under en parallelparkering?-nej vel, så tag du lige og slap af.“

Så purrede Karen kat op i sin datters hår, for hun syntes hun var sådan en sød lille hystade, og det var da også meget bekræftende at hun sådan bekymrede sig for sin gamle mor, for det betød jo at hun elskede hende.

„Mor, altså helt ærligt, det er dybt uansvarligt at du ikke bare tager den fucking sikkerhedssele på?! Hvor svært kan det være?! Det er næsten som om du nægter, bare for at være på tværs som et lille demonstrativt barn.“, sagde Karina kat, der nu langt om længe var kommet i puberteten, og som man nok kan høre, havde lært at udtrykke sig velformuleret rent verbalt.

„Nu stopper du fandeme!, lille frøken Karina kat, du skal overhovedet ikke belære mig i det næsvise tonefald. Hvad bilder du dig egentligt ind, at tale til din mor på den måde?!“, råbte Karen kat ad sin datter. Karen kat var en voksen kvinde der vel nok selv vidste hvad hun foretog sig, og hun ville aldeles ikke finde sig i at blive irettesat af sådan en bedrevidende teenager. Karen kat var dog ikke vred ret længe, for sådan var teenagere jo bare, de SKULLE tro de var bedrevidende i den alder.
Ellers var der vel næsten noget galt med dem.

Snart holdt Karina kat da også op med at plage sin mor.
Måske især nok fordi hun fik at vide, at hvis hun ikke holdt op med at plage sin mor med det sikkerhedsselepjat, så fik hun stuearrest.
Det ville hun helst ikke, for så var det jo udelukket at være sammen med veninderne.
Desuden så havde hendes mor vel egentligt ret, for der skete ganske rigtigt aldrig noget.
Det der med at køre galt, det var noget der skete for alle de andre. Det var noget man læste om i avisen; det var ikke noget der skete for en selv.

Så en dag kom Karen kat kørende på motorvejen med sin datter Karina kat. De var på vej op for at besøge noget familie i Nordjylland.

Det syntes Karina kat selvfølgelig var noget dødssygt noget at skulle bruge en lørdag på, men Karen kat havde insisteret, for det var jo vigtigt at være ansvarlig og holde kontakten med sin familie ved lige.

Det var bare den slags forpligtelser man har som voksen, ræsonnerede Karen kat fornuftigt, og desuden ville Karina kat kunne snakke med sin kusine som hun var jævnaldrende med.
Så det skulle nok gå alt sammen.

Karen kat fik en sms på sin smarte nye mobiltelefon. Det var sådan en mobiltjeneste hun havde tilmeldt sig, som advarede imod fotofælder og fartkontroller
Åbenbart var der en fotofælde stillet op længere fremme på denne strækning, så Karen kat satte farten lidt ned, og tog også sin sikkerhedssele på. Det ville være både ærgerligt og uansvarligt med et klip i kørekortet.

Heldet tilsmilede således Karen kat med denne tilfældighed, for knap femten sekunder senere bragede de med 110 i timen ind i Nordjyllands værste harmonikasammenstød de sidste fem år.
Karen kat blev reddet af sikkerhedssele og airbag, men da hun kiggede over på passagersædet var hendes datter ingen steder at se …

Karina kat var blevet slynget ud igennem forruden.

Blod og kødrester klæbede i trevler til det splintrede glas i rammen, og flere af datterens lange mørke hår hang kilet ind imellem splintret glas.

Karen kat så i rædsel hvordan datteren lå forvredet og maltrakteret halvvejs imellem den foranstående bils bagrude og bagsæde.
Knoglestumper stak ud igennem den perforerede hud, hun var blodig og lækkede skarlagenrødt liv, og hovedet sad helt forkert på en sådan måde. Karen kat kom til at tænke på filmen eksorcisten: hun vidste det var hendes datter, men kunne simpelthen ikke tro det.
Karen kat kunne ikke kende sin datter, for ansigtet var revet så meget op i sin færd igennem to glasruder, at hendes blodige træk var nærmest ukendelige.

Men hun vidste, at den skikkelse hun betragtede, var liget, var resterne, var det afsjælede legeme, af Karina kat, hendes lille skat, hendes elskede datter.

Karen kat brød hulkende sammen i den smadrede bil, imens radioen der utroligt nok stadigvæk fungerede, spillede omkvædet til sangen: det´for sent nu, af den danske rapper Ataf fra hans album paraderne nede:

Det er for sent nu.
Det er for sent nu, mit hjerte føles som sten nu...

Uden at ville og overhovedet tænke over det, så lavede Karen kat om på sidste del af omkvædet, og i hendes sind hørte hun sin egen stemme skrige i sorg, så det sønderflængede selve hendes sjæl:

Det er for sent nu!
Der er sket det, der er sket nu!!
Det er for sent nu!
Alt er lige meget, hun er væk nu!!!

Åbenbart var den unge Karina kat langt om længe holdt op med at være både hysterisk og pjattet, og havde indset, at biluheld er noget der sker for de andre, og at moderen vel nok vidste hvad hun gjorde som voksen kvinde og erfaren bilist.
Derfor spændte hun ikke sin sikkerhedssele, og fulgte i stedet moderens eksempel, da de påbegyndte køreturen.

Og Karen kat lærte, at i det virkelige liv har katte ikke ni liv at give af. De har kun et ...

BONUS-INFO TIL FORÆLDRE:

Hver eneste gang du ser den sikkerhedssele og overvejer IKKE at spænde den, så skal du bare huske verset:

Det er for sent nu.
Det er for sent nu, dit hjerte føles som sten nu.
Det er for sent nu.
Der er sket det, der er sket nu.
Det er for sent nu.
Alt er lige meget, dit barn er væk nu.

TAG DIG LIGE SAMMEN, MESTER, OG SPÆND DEN SIKKERHEDSSELSE, KØR ORDENTLIGT, OG DROP DIT KRUKKERI.
VÆR ET GODT EKSEMPEL!

5. *GURLI DEN FEDE GED.*

Det siges i folkemunde, at en ged kan spise hvad som helst.
Jeg ved ikke om det var dette gamle ordsprog som forældrene til Gurli ged ville lade komme an på en prøve.
Men i hvert fald fodrede de hende med affald lige fra den dag hun blev født.

Nu skulle man umiddelbart ikke tro, at det er en nem ting at fremskaffe affald at fodre sit barn med.
Der tager man fejl.

Hvad angår affaldsfoder til børn, der er det moderne samfund en regulær losseplads.
Man kan ikke slå en skid i et stormagasin, uden at dunsten fra den bliver overgået af en endnu større råddenskab: nemlig de præfabrikerede fødevarer.

Der er tomme kalorier uden næringsværdi, sukker og raffineret stivelse, mættet fedt og tilsætningsstoffer, alt sammen i strålende og appellerende indpakninger af lokkende løgn og morderisk manipulation.
At sælge lort som lagkage er naturligvis en kompliceret sag, og følgelig er reklameindustriens vismænd i bedrag ansvarlige for propagandaen i markedsføringen.
Lort og løgn i alle dets afskygninger er en storindustri der udgør 90 procent af forbrugersamfundet.

Nu skulle man ikke umiddelbart tro, at det er nogen smal sag at få folk til at købe katten i sækken, uanset hvordan man så markedsfører den.

Men heldigvis for industrien, så er forbrugeren lige så meget et produkt, som de produkter man sælger til dem.

Jo jo, de produceres skam i den proces vi kalder for socialisering, da det sker i billedet af den forbrugerkultur der hersker.
Fra barnsben får man i maskineriet at vide, at man ikke skal tænke selv, ikke stille spørgsmål, og i øvrigt bare gøre som der bliver sagt.
Hvorfor?
Fordi det gør alle de andre …
Og vi vil jo så gerne være som alle de andre.
Eller det er der i hvert fald nogen der har bildt os ind.

Så vi gør som der bliver sagt og køber produktet; lorten der præsenteres som lagkage, simpelthen fordi vi får at vide, at det skal vi. Hvis vi vil være som de andre.

Vi køber deres lort i supermarkedet, i skolen, i fjernsynet, på det såkaldte ”arbejdsmarked”, fra vores medmennesker, fra samfundet og fra staten.
Vi køber deres lort og æder det dagen lang, og vi finder os i det.
For det gør alle de andre jo, og vi vil jo så gerne være som alle de andre …

Så forældrene til Gurli ged fodrede hende altså med alskens slags affald, ikke mindst mediernes populariserede vrangbillede.
Og åbenbart er der noget om det der med at en ged kan æde hvad som helst, for i hvert fald kreperede Gurli Ged ikke lige med det samme.

Men hun gik nu altså hen og blev ret fed.
Derfor kaldte alle hende for Gurli den fede ged.

I familien blev man dog hurtigt enige om, at det med vægten sikkert var genetisk, og derfor var der vel egentligt ikke meget mening i overhovedet at forsøge at lave om på den sag.

Følgelig fortsatte man med at servere det samme affald, som man altid havde gjort.
Derfor fortsatte Gurli med at være en fed ged.
„Fede ged, Fede ged...", mobbede de andre børn hende.
„Fede ged, Fede ged…", mobbede fjernsynet og reklamerne hende.
„Fede ged, Fede ged…" mobbede hun til sidst også sig selv …

Det er selvfølgelig lige til at blive deprimeret over, og det blev Gurli den fede ged da også.
Derfor trøstespiste hun en hel del, hvilket ikke ligefrem gjorde sagen bedre.
Og stadigvæk var der mobberi fra alle sider, for man foragtede Gurli den fede ged, for hendes slappe karakter.
„Fede Ged, Fede Ged, det er slap karakter med Gurli den Fede Ged…"

Det er selvfølgelig lige til at blive vred over, og det blev Gurli den fede ged da også.
Derfor farvede hun håret ensfarvet grønt, og ansigtet spraglet som en farvelade.
Hun fik piercinger, begyndte at gå i sort og poset tøj, og gav alt og alle fingeren.
Når hun var alene græd hun imens hun skar i sig selv, for den smerte var trods alt en hun kunne håndtere og forstå. Hvad vigtigere var, så var det sår der med tiden ville læges og forsvinde, hvilket var en opmuntrende kontrast til hendes opfattelse af egen eksistens.
Alt det her gjorde selvfølgelig ikke ligefrem sagen bedre; for nu var hun jo SLET ikke som alle de andre.
Og derfor var der selvfølgelig stadigvæk mobberi fra alle sider, for man vrængede på næsen ad Gurli den fede ged, og hendes oprørske adfærdsvanskelighed.
„Fede Ged, Fede Ged, det er Gurli den fede og vrede Ged…"

Det er selvfølgelig lige til at blive syg og dårlig af, og det blev Gurli den fede ged da også.
Man diagnosticerede den kroniske depression og gav hende lykkepiller.
Man diagnosticerede gammelmandssukkersygen hun fik som barn, og gav hende insulin.
Man diagnosticerede bulimien og sendte hende i samtaleterapi.
Alt det her gjorde selvfølgelig straks sagen meget bedre, for nu var hun som alle de andre hjælpeløse ofre.
Og derfor var der selvfølgelig ikke længere mobberi fra nogen sider, for nu havde man i stedet medlidenhed med Gurli den fede ged, og hendes ulykkelige situation.
„Fede Ged, Fede Ged, det er Gurli den stakkels fede Ged…"

Det er selvfølgelig lige til at blive desperat af, og det blev Gurli den fede ged da også.
Kort efter diagnosticerede man selvmordstankerne, da man under obduktionen fandt halvandet glas sovepiller i hendes mave.

Så gav man hende en pæn begravelse, hvor man snakkede meget om hvor uforståeligt det var, at hende Gurli den fede ged kunne finde på at tage sit eget liv.
For hun havde jo så meget at leve for.

Og bla bla bla: øregejl fra folk der elsker at høre sig selv snakke, og få at vide fra andre mennesker der fyrer øregejl af og også elsker at høre sig selv snakke, at de er så kloge, og følsomme, og alle de andre ting de klapper sig selv og hinanden på ryggen for, og føler sig selvtilfredse over.

Alt dette her gjorde selvfølgelig straks sagen meget nemmere og mindre ressourcekrævende …

Fede ged, Fede ged...“, mobbede de andre børn hende.
Fede ged, Fede ged…“, mobbede fjernsynet og reklamerne hende.
Fede ged, Fede ged…“ mobbede hun til sidst også sig selv …

Fede Ged, Fede Ged, det er slap karakter med Gurli den Fede Ged.
Fede Ged, Fede Ged, det er Gurli den fede og vrede Ged.
Fede Ged, Fede Ged, det er Gurli den stakkels fede Ged…

Fede Ged, Fede Ged, det **var** Gurli den ulykkelige ged.

BONUS-INFO TIL FORÆLDRE:

Rent socialt har vi udviklet os enormt, men på det biologiske plan er vi stort set stadigvæk indrettet som dengang vi var jægere og samlere. Derfor er tommelfinger-reglen, at man skal spise som en jæger og samler 80 procent af tiden.
Samtidigt skal du bevæge dig 20 procent af din tid. (4 timer og 45 minutter dagligt.)
I 20 procent af den tid du bevæger dig, skal du dyrke sport.(ca. 1 time dagligt- opvarmning og nedvarmning ikke inkluderet!)

I 4 dage træner du kondition og stofskifte, på 5 dagen træner du styrke og muskelmasse. Derefter starter du forfra.

Træning af kondition og stofskifte: 1 time.
I 80 procent af tiden kører du jævnt tempo.
I 20 procent af sports-tiden dyrker du intervaltræning. (12 minutter.)
I intervaltræningen er 20 procent intervaller med maksimal belastning, mens 80 procent er restitution med lav belastning.

Træning af styrke og muskelmasse: 1 time 12 minutter.
Vælg øvelser efter 3-2-1-princippet: 3 øvelser til ben/2 øvelser til bryst og 2 øvelser til ryg/1 øvelse til skulder, 1 til triceps, 1 til biceps, 1 til mave, 1 til lænd.
Hvilket giver 12 forskellige øvelser i alt.

I de valgte øvelser kører du 80 procent af tiden pyramidetræning med 4 sæt af 20/12/8/6 gentagelser med så meget belastning/vægt som muligt, samtidigt med at du kan gennemføre det ønskede antal gentagelser. 30 sekunders pause imellem sættene.
I 20 procent af tiden, det vil sige i femte og sidste sæt for øvelsen, kører du et højintensivt supersæt, ved at køre pyramiden omvendt igennem uden pause. Det vil sige først 6 gentagelser med så meget vægt som muligt, så 8/12/20 med så meget vægt/belastning som muligt samtidig med at du kan gennemføre med god form, og med ikke mere end 10 sekunders stop når du går fra en vægt til den næste.
Alle 5 sæt tager cirka 5 minutter at afvikle for hver øvelse.
Tag 1 minuts pause, inden du går videre til næste øvelse.
Et fuldt træningspas tager altså cirka 12x6 minutter=72 min. + opvarmning og nedvarmning.

Det er 80/20 reglen brugt på kost og motion, set ud fra en biologisk synsvinkel.
Det er simpelt, og det virker optimalt.

6. ***BRØLEABEN!!!***

Der var engang en brøleabe, som simpelthen ikke bestilte andet end at råbe og skrige, og te sig som en sindssyg abekat.

Man kunne næsten se på ham når han var stille, at han havde et udtryk i ansigtet omtrent som en trold i en æske, der opmærksomt afventer en mulighed for at springe op og brøle løs ad alt og alle.

Muligheder er der jo altid, for ingen er perfekt og alle begår fejl-det er jo kun menneskeligt-, men denne hersens brøleabe mente så åbenbart bare, at det berettigede ham til at brøle af den eller dem der formastede sig til at være menneskelige.

Han mente også, at det var ham der skulle afgøre hvornår der var nogen der gjorde noget forkert, og følgelig var der en tendens til at folk tilsyneladende begik flere fejl når de var i brøleabens nærhed.

Det opdagede folk dog hurtigt, og brøleaben opdagede, at også andre mennesker havde en forestilling om hvad der var forkert adfærd.
Imidlertid adskilte de sig fra brøleaben på det punkt, at de ikke gad brøle ad ham.
I stedet ville de bare ikke have noget med ham at gøre.

Hurtigt tyndede det ud i brøleabens omgangskreds.
Tilbage stod en lille håndfuld mennesker, som ud fra den sociale norm var forpligtet til at have med brøleaben at gøre.
Eller: det var i hvert fald hvad han troede og tog for givet.

Men så fik de nok af ham på arbejdspladsen, og så blev han fyret.

Heldigvis havde han en kone som det selvfølgelig skulle gå ud over, og som han nu brølede endnu mere af end sædvanlig.
Og langt om længe fik også hun nok, og så blev han fyret.

Heldigvis havde han og konen en søn, som han nu havde på besøg hver anden weekend, og så kunne han jo altid brøle lidt af ham.
Men så fik statsamtet nok, og så blev han fyret som weekendfar.

Og så levede alle de andre lykkeligt til deres dages ende.

Nu havde brøleaben ikke andre at brøle ad end sig selv, hvilket han gjorde noget nær konstant, selv om det mest foregik inde i sit eget hoved.
Han var nemlig helt alene, og fordi han netop ikke havde andre at finde fejl ved, så fandt han en masse hos sig selv.
Måske skulle han have gjort det noget tidligere.
For måske havde der så stadigvæk været nogen der gad have noget med ham at gøre.
Det fandt han tragikomisk, så derfor brølede han først af grin, og så tudbrølede han ...

BONUS-INFO TIL FORÆLDRE:

Når du laver pegefingeren af andre, så husk på, at der samtidig er 3 fingre der peger på dig selv.

Ambrose Bierce sagde: Anklage: At bedyre en andens skyld eller uværdighed, sædvanligvis for at retfærdiggøre over for sig selv, at man har gjort ham uret.

Brøleaben bliver til en tudbrøleabe, når han er alene og ensom og forladt.

7. *HØNEMOR OG KYLLINGEN.*

Der var engang en hane der blev forelsket i en høne, fordi hun var lidt af en lækker rapand.

Det gik som det går og hønen blev gravid, lagde et æg, og rugede på det indtil det klækkede. Hendes barn tittede frem, og så var hønen blevet mor, men desværre opdagede hun først langt senere hen, at hun var en hønemor.

Hønemor så på sin lille søn med blikket fuldt af hengivenhed og hjertet svulmende af kærlighed, og besluttede, at hun ville være den bedste mor for sit barn, som det overhovedet var muligt.

Efter alvorlige overvejelser blev hønemor enig med sig selv om, at det vigtigste for en hønemor, det var at beskytte sit barn imod alverdens farer.
For verden er jo et helt forfærdeligt farligt sted, mente hun nok at have en ide om, for det gjorde de nemlig rigtigt meget ud af at fortælle om i nyhederne hver aften.

For at danne sig et overblik over helt præcist hvor farligt det var, så gik hønemor ind på Google.
Det fik hun hundrede og syvogtres billioner milliarder hits på.

Derfor fik hendes søn overhovedet ikke lov til noget som helst imens han voksede op, og samtidig gjorde hønemor meget ud af at fortælle drengen, at der var så mange frygteligt farlige ting i den onde onde verden, som hun nødvendigvis måtte beskytte ham imod.
Til hans eget bedste naturligvis, det kunne han vel nok forstå?

Mange år gik og endelig var han voksen, og hønemor åndede lettet op.

Sønnen var kommet helskindet igennem barndommen, uden at komme til skade så meget som en eneste gang, uden nogensinde at have fået et eneste nederlag.
Hun havde beskyttet ham imod alt ude fra den store farlige verden.

Det var hun ganske godt tilfreds med, og så tænkte hønemor, at sønnen sikkert snart ville flytte hjemmefra nu da han var voksen, og så kunne hun holde fri og slappe af.
Hvilket hun faktisk trængte til.

Men sønnen var i årenes løb blevet en kylling, og derfor ville han ikke flytte hjemmefra.
Det var hønemor så til gengæld ikke helt tilfreds med …

Da gik det op for hønen, at hun i alle de år havde været en værre hønemor, der endte med at gøre sin søn til en værre kylling …

Og kylling flyttede aldrig hjemmefra, men levede lykkeligt på nas til hønemors dages ende, hvorefter han arvede og var økonomisk sikret resten af sit liv.

BONUS-INFO TIL FORÆLDRE:

Udfordringer, prøvelser og ansvar former den menneskelige karakter og selvstændighed.
Og på et eller andet tidspunkt så skal de små krapyl jo sparkes ud af reden, og så har de kun to muligheder: nemlig at flyve eller falde.

Så lær dem at flyve.

8. *KROKODILLE MED PROMILLE.*

Karsten krokodille havde en dille med promille.
Han var nemlig alkoholiker.

Heldigvis ikke af den ondskabsfulde slags, i ved, den slags der banker konen og børnene, og drikker sig selv og dem fra hus og hjem.
Mens han samtidig forsumper i selvmedlidenhed: for det er jo alle de andres skyld …

Sådan var Karsten krokodille slet ikke.

Han var den slags alkoholiker, der undskylder sine tåbeligheder med krokodillesmil, og ufortrødent fortsætter sin pinlige stil.

I ved, den slags der drikker sig fuld til familiefesten og gramser på sin niece, imens han forsøger at danse polka og være festens midtpunkt som standupkomiker …
Karsten krokodille var kort sagt den slags alkoholiker man griner ad, og ikke med, og har man svært ved at se ham for sig, så kan man blot forestille sig Boris Jeltsin med en større mund, en mindre tud, og en sejere hud.

Efterhånden fandt hans venner ud af, at Karsten krokodille slet ikke festede sammen med dem, men med flasken.
Efterhånden fandt hans kone ud af, at Karsten krokodille slet ikke var gift med hende, men med flasken.
Endelig fandt hans datter ud af, at Karsten krokodille slet ikke elskede og forgudede hende, men flasken.

Så forsøgte man sig med AA og samtaleterapi hvor man snakker om tingene, i stedet for at gøre noget ved dem, så det hjalp selvfølgelig ikke.

Så forsøgte man sig med en eller anden importeret trappe fra Minnesota, men det første trin var bundråddent, så han kom aldrig rigtig videre.

Endelig var der en kvaksalver der gjorde Karsten krokodille en bjørnetjeneste, ved at bilde ham ind at promilleproblemet var en sygdom.

Så tænkte Karsten krokodille for sig selv; at hvis han var syg, så var det jo egentligt ikke hans skyld, vel?
For man kan jo ikke selv gøre for at man er syg.
Det var da det, det var, helt sikkert: det måtte være en eller anden virus, eller noget genetisk, eller et eller andet i sådan en dejligt personligt ansvarsfritagende stil, der fik ham til at løfte hånden og føre flasken til fjæset.
Han var faktisk lovligt undskyldt, ræsonnerede han, og så var det da bare med at fortsætte.
For hvis koen ligefrem byder sig til med fulde yvere, så malker man den sgu da, for helvede!

Det gik også rigtigt godt i lang, lang, trippel-lang tid.
Langt om længe kom så den frygtede dag, da Karsten krokodille ikke længere kunne malke diagnosen.

Så kom han på den gammelkendte ide, at de nyttige idioter nok ville spille deres roller lidt længere, hvis han gav sig til at tude og flæbe.

Under normale omstændigheder ville han sikkert have kunnet sprede elendighed i en halv snes år mere, med denne for misbrugere så velkendte og succesfulde strategi.

Desværre for Karsten krokodille, så var man heller ikke dummere, end at man vidste hvad slags tårer en krokodille græder.
Og så forlod de ham ...

Karsten krokodille, Karsten krokodille, vi ved at du gør det med vilje.
Karsten krokodille, Karsten krokodille, ej sygdom men manglende vilje.
Karsten krokodille, Karsten krokodille, troede du virkelig på at vi ville,
Tro på tårer du lod
trille,
Velvidende du er krokodille?

Karsten krokodille, Karsten krokodille, pludselig med en verden så stille.
Karsten krokodille, Karsten krokodille, pludselig med en verden så lille.
Karsten krokodille, Karsten krokodille, på grund af en dille med promille ...

Troede du virkelig de ville,
Tro på tårer du lod trille,
Du elendige krokodille ...

BONUS-INFO TIL FORÆLDRE:

Har du en dille med promille?
Tør øjnene og tag dig sammen, for sværere er det sgu heller ikke.
Du går op i kapitel 3, De rygende ræve, og så gennemgår du programmet med fokus på alkohol i stedet for cigaretter.

Har du et problem med begge dele, så fokuser kun på et problem af gangen, for ikke at sprede dit fokus og din energi for bredt ud.
Løs et problem af gangen.

9. ***DEN LILLE ELEFANTUNGE MED DE MEGET STORE RADARØRER.***

Der var engang en lille elefantunge med meget store ører.

Faktisk var ørerne så store, og hørte så godt, at man kunne kalde dem for radarører.

Om alle små børn har radarører eller ej, det er en sag der kan diskuteres, men i hvert fald ligger det helt fast, at det havde den lille elefantunge.
Derfor hørte han stort set alt.

Nu lå den lille elefantunge med de meget store radarører så i sin seng, og forsøgte at falde i søvn.

Det havde den dog stort besvær med, for mor elefant og far elefant skændtes igen.
Det gjorde de meget for tiden, især efter at far elefant blev fyret fra sit arbejde som salgsadministrator i firmaet snabel og stødtand.
Åbenbart drejede det sig om et eller andet de kaldte for "finanskrise" og "overforbrug", selv om den lille elefantunge med de meget store radarører ikke helt forstod, hvad de ord egentligt betød.

Faktisk brugte de mange ord, som den lille elefantunge med de meget store radarører ikke helt forstod.
Faktisk talte de på en måde, som den lille elefantunge med de meget store radarører ikke helt forstod.

Den lille elefantunge med de meget store radarører undrede sig over, hvordan mor elefant og far elefant overhovedet kunne nå at forstå og høre hvad de sagde til hinanden, og tænke over hvad det betød, når de begge to stod og truttede løs ad hinanden på samme tid.

For den lille elefantunge med de meget store radarører, var det næsten som om mor elefant og far elefant slet ikke talte med hinanden, men til og ad hinanden.
Og samtidig havde de så åbenbart også en konkurrence kørende om hvem der kunne trutte højest ad den anden.
Egentligt lød det faktisk på den lille elefantunge med de meget store radarører, som om det med at trutte højest, var hvad det hele i virkeligheden drejede sig om.

Men på den anden side: hvad vidste han vel også om det?
Det gjorde både mor elefant og far elefant i hvert fald også meget ud af at gøre ham klart, når han spurgte til de ting han ikke forstod.

Altså gik bølgerne højt hjemme på savannen, når far elefant og mor elefant stod i tomgang og truttede løs ad hinanden, med deres lange og bittert bebrejdende tirader.

Nu var de så i gang igen nedenunder i stuen, og der blev truttet på livet løs.
Den lille elefantunge med de meget store radarører kunne ikke falde i søvn og lå og lyttede, nøjagtigt som så mange gange før.

Bagefter da mor elefant og far elefant var færdige med at trutte tirader i tomgang, så lå den lille elefantunge med de meget store radarører vågen det meste af natten, og spekulerede over hvad der var blevet sagt, og hvordan det var blevet sagt, og hvorfor det mon var blevet sagt.
Nøjagtigt som så mange gange før.

For var der ikke noget med at en af de andre i klassen havde haft en mor og far, som havde en truttekonkurrence på samme måde, og så kort efter flyttede fra hinanden?
Det var vistnok noget man kaldte at blive skilt.
Den lille elefantunge med de meget store radarører forstod ikke helt hvad det var der stod på det skilt, men det måtte være meget alvorligt, når det kunne få ens forældre til at flytte fra hinanden.
Den lille elefantunge med de meget store radarører kunne ikke falde i søvn.
Igen …

Så blev mor elefant og far elefant indkaldt til forældresamtale på skolen til den lille elefantunge med de meget store radarører.
Klasselæreren modtog dem med et lille stift smil, der tydeligt skulle udtrykke hendes utilfredshed med den nuværende situation, som var aldeles uholdbar.
„Ja, Hr. og Fru elefant," indledte klasselæreren en anelse anstrengt, „det forholder sig i øjeblikket sådan, at vi har visse… hvad skal vi kalde det … problemer med den adfærd som deres søn udviser."
„Ja?"
„Ja, altså…
Der er kort sagt sket en markant ændring i hans adfærd her på det sidste.
Han møder op helt uoplagt og har store problemer med at koncentrere sig og fokusere på undervisningen. En slags koncentrationsbesvær, som tyder på at han er træt og udkørt.
I siger han kommer tidligt nok i seng?-jaså, jamen så…
Det er jo også det at han slet ikke lytter til det vi siger, og når han taler til os, så foregår det som regel ved at han råber og skriger og trutter.
Det er som om han slet ikke reflekterer over hvad vi siger.
Ja, faktisk så råber han blot højere og højere, når vi forsøger at føre en samtale med ham. Ja, og så er der selvfølgelig også det sprog han bruger… idiot, røvhul, kælling, skiderik og dumme ko: det er næsten som om det er en hel normal del af hans sprogbrug.

Det er som om han ikke forstår at den slags både sårer og fornærmer andre mennesker …
Er det mon noget i selv har mærket noget til, eller har i en ide om hvad det er, der er årsagen til hans adfærd?“

DET forstod mor elefant og far elefant simpelthen ikke noget af, og de havde ingen anelse om hvor den lille elefantunge med de meget store radarører fik den slags fra …

Så snakkede man lidt frem og tilbage, og blev enige om at drengen var alvorligt samspilsramt, og desuden udenfor pædagogisk rækkevidde.
Man mente også at kunne konstatere, at det sikkert skyldtes DAMP og manglende impulskontrol.
Det var sådan lidt et standardsvar de lirede af, når de ikke synes man passer ind.

Så sendte man den lille elefantunge med de meget store radarører til en psykiater, som udskrev recept på Ritalin, som er en form for lim, der klistrer tangenterne i hjernens klaver til.

Så slap man selvfølgelig for at der blev spillet høj musik, og falsk musik, og at der blev spillet musik på klaveret i det hele taget.

Og af den historie kan man lære, at det er klogt af børn ikke altid at høre efter hvad deres forældre siger …

BONUS-INFO TIL FORÆLDRE:

Alle børn **HAR** meget store radarører.

Og det der såkaldte DAMP, som kvaksalverne snakker så meget om, det ved man faktisk ikke rigtigt hvad egentligt er, eller helt konkret betyder, udover at der er fut i kedlen.
Tænk lidt over det, inden i begynder at hælde lim i klaveret.

10. *HEY JOE.*

Der var engang et får der hed Joe.
Der var dog ikke ret meget "Hey Joe", a la Jimmi Hendrix over ham.
Han var sådan mere en "Average everyday Joe".
Han var med andre ord helt normal; og netop det at være helt normal, det var da også en af de ting han tilstræbte allermest.

For det der talte, det var at man var med i gruppen.
At man var et af fårene i flokkens fællesskab.

Joe havde for længst fundet ud af, at det faktisk ikke var så svært.
Det bedste og nemmeste, det var at man placerede sig midt i flokken.
Når så naboen i flokken bevægede sig til højre, så fulgte man bare efter ham; og når naboen i flokken bevægede sig til venstre, så fulgte man bare efter ham.
Og hele flokken, de tænkte heller ikke selv over hvordan de bevægede sig, for de fulgte alle sammen lydigt fårehyrdens ordrer.
Det var da nemt nok!

Og når man fulgte efter på denne måde, så var man et af de gode får, og alle i flokken kunne lide en. F
For man gik jo ikke i vejen for nogen, og man gjorde kun som alle de andre får, og derfor var det naturligvis acceptabelt.
Og også kun derfor …

Det var godt nok ikke særligt spændende, og efter et stykke tid så tænkte man slet ikke over hvad man lavede; man reagerede bare blindt på alle de andre, men det får så være.
I hvert fald var man vellidt i flokken, og man slap for at blive bidt af fårehyrdens hund.

Og fårehyrden holdt da også af sine får, så længe de gjorde som der blev sagt, og producerede masser af uld.

Det var godt nok ret opslidende, det der med konstant at skulle producere og producere og producere, men det var der vel ikke noget at gøre ved.
Sådan var det jo også for alle de andre får.
Sådan var livet vel bare, når man var et får.

Godt nok havde Joe en gang imellem drømme om at stikke af fra flokken, at bryde fri og gå sine egne veje, selv bestemme hvor man græssede, og hvordan man bevægede sig.
Gå til højre eller venstre, uden at det blev dikteret til ham af hverken nabofåret eller hyrden.
At tænke igen, at føle igen, at leve igen …

Det blev bare aldrig til noget, for hvad ville de andre i flokken ikke tænke? Hvad ville naboen ikke sige?
Og fårehyrden ville sikkert også pudse hunden på ham …
Så Joe blev i flokken som alle de andre normale, fornuftige, moralske, ansvarsbevidste, pæne borgere …

„Og det er så sådan man laver lammekølle og sweatere; det kommer alt sammen fra Good old "average everyday Joe", min søn."
Afsluttede faderen sin fortælling til sin søn der havde spurgt.

Han glemte at fortælle prisen Joe betalte, var uopfyldte drømme og bristede håb …

Men han var en af flokken, ham Joe, det må man give ham.
Han var en normal, fornuftig, moralsk, ansvarsbevidst pæn borger.
Hvis hele liv gik ud på at producere sweatere og ende som lammekølle…
Hey Joe… Fucking hurra for dit liv, hva´?

INGEN BONUS-INFO- til forældrene denne gang, for denne her giver sig selv.

I stedet opfordres man på det kraftigste til at lede efter og genfinde sine tabte drømme.
Brug tid på at tænke tilbage- og frem, og find alt det frem som du brænder efter at lære og opleve, og skriv det ned på resten af siden. Læs så kapitel 6-**KRAFT-TEKNIK.**

Og Hey Joe, skulle du så ikke se at få gjort noget ved dem, inden du har spildt hele dit liv på at producere sweatere, og ender som lammekølle?

For du er da ikke en Chicken, vel?
Eller en karklud?

11. *RAVNEMOR.*

„Mor! Mor!, hej mor, det er altså vigtigt…"
„Altså mor har ikke tid lige nu, lille skat."
„Men…"
„Mor er lige midt i noget her."
„Jamen…"
„Så kan du godt tie stille, Sofie, mor har travlt! Det må vente til senere!"
„MENDETERALTSÅBAREFORDI…"
„SÅ kan du godt holde kæft, Sofie! Du skal aldeles ikke tale til mig med store bogstaver! Du må bare vente som jeg siger til dig, og jeg gider ikke høre ET ENESTE ord mere fra dig, unge frøken, er DET forstået?"
„Men…"
„Jeg spurgte om det var forstået?"
„Jamen…"
„ER DET **SÅ** FORSTÅET, SOFIE?!!!"
„Ja mor." , sagde Sofie ulykkeligt.
„Godt. Jamen gå så lige udenfor og leg med de andre børn, eller et eller andet, ikke lille skat."
Sofie sukkede trist, og gik så udenfor.

Ravnemor mente nok for længst at have fundet ud af, at nioghalvfems procent af det børn har at sige voksne, er uden betydning. For det meste er det underlige spørgsmål og tidskrævende sludder.
Og hvis det ikke er, så er det i hvert fald altid noget der kan vente til senere.
Ikke om hun ville gå glip af genudsendelsen af X-factor-finalen i fjernsynet, bare fordi Sofie mente det var tid til en sludder for en sladder.

Så brændte huset ned til grunden med ravnemor i det, imens Sofie sad på sin gynge i haven og så på.

Sådan går det, når man har glemt at slukke for strygejernet, og ikke vil høre på sin datter.

Og faktisk er det mere reglen end undtagelsen, at huset er ved at brænde ned om ørerne på forældrene, uden at de gider høre på deres børn …

BONUS-INFO TIL FORÆLDRE:

Det er faktisk ikke altid det kan vente til senere.
Det er ikke altid børn er fulde af sludder.
Hvis du ikke lytter til dit barn, så vil det uvægerligt på et eller andet tidspunkt resultere i, at du føler det som om huset er brændt ned om ørerne på dig.
For hvis du ikke lytter til dit barn, så lytter de ikke til dig.

12. *DEN FLÆSKEFEDE BUREAUKRATORM.*

Der var engang en magtgal flæskefed bureaukratorm, som havde lavt selvværd, og følgelig en tendens til at hævde sig på de svages bekostning for kortvarigt at få det godt med sig selv.

Skadefryd er som bekendt den billigste form for fryd, for dem der ikke vil investere i sit eget liv.

Tit og ofte rendte han rundt i kvarteret, denne nedrige orm, og skældte ud på børnene, når han fangede dem i ikke at køre med cykelhjelm, eller smide slikpapir på gaden, eller sætte tyggegummi fast på busstoppeskiltet.
Alle forældre ville vel være glade for, at der i deres eget fravær var nogen som var så venlige at give en høflig henstilling, og minde det unge menneske om sine gode manerer.

Det var bare ikke det den magtgale bureaukratorm gjorde.
Nej, han pustede og prustede, og skældte og smældte, og råbte og skreg, og ofte indtil det stakkels barn brød grædende sammen.
For børn er ikke bygget af mursten …

Det var forældrene i kvarteret selvfølgelig ikke tilfredse med, men der var ikke rigtigt noget de kunne gøre ved det.
Den flæskefede bureaukratorm var nemlig aldeles ligeglad med hvad man sagde til ham, og politiet var aldeles ligeglade med hvad han sagde til børnene.
Og man kunne jo ikke så godt selv gøre noget ved problemet på grund af loven, og det der med at selvtægt er forbudt.

Udsigten til fængsel og straffeattest og evig arbejdsløshed, det var nemlig noget der skræmte folk godt og grundigt.

Det vigtigste for den nedrige orm var nemlig ikke retfærdighed eller anstændighed, ligesom det vigtigste for forældrene ikke var at beskytte deres børn mod traumatiserende overgreb.
Nej.
Nej nej da.
Nej, det vigtigste var naturligvis at man overholdt politivedtægten, som er ukrænkelig.
Hvilket enhver god borger ved.

Sådan gik der et godt stykke tid, hvor man således så igennem fingrene med at børnene blev krænket.
Hellere dem end politivedtægten.

Og det helt uhyrligt skræmmende, det er jo netop, at det ikke kun er verbale overgreb man har en tendens til at se igennem fingre med …

Så var der en ny familie der flyttede til kvarteret, og ganske rigtigt farede den flæskefede bureaukratorm på nytilflytterens datter med skældud, indtil hun var helt ulykkelig og tudede.
Det var fanme også hendes egen skyld, mente den nedrige orm, for hun kunne sgu da bare lade være med at lade sin cykel ligge og flyde på fortovet, hvor den lå i vejen for anstændige fodgængere som ham selv.

Ulykkelig og med tårerne strømmende ned ad kinderne gik den lille pige ind og fortalte det til sin far, som selvfølgelig blev meget oprevet ved synet af sin datter, ligesom så mange forældre i kvarteret var blevet før ham.
Hans datter var tydeligvis blevet krænket med et verbalt overgreb, ligesom så mange børn i kvarteret var blevet før hende.

Så gik faderen over og sparkede døren ind til den flæskefede bureaurkatorm, og smadrede ham godt og grundigt.
Da faderen var færdig med at give bureaukratormen rockerflade, så indvandrertrampede han ham flad som en grønlænders næse, så i kan nok forstå, at bureaukratormen langt om længe fik den læsterlige omgang tæsk, som han helt sikkert fortjente.

Det er så hvad man kalder en heltegerning.

Og det helt fantastisk beundringsværdige, det var, at denne fader ville have myrdet manden på stedet uden tøven, såfremt der havde været tale om en anden form for overgreb, end et verbalt.

Men hvordan kunne det gå til, at lige nøjagtigt denne fader turde krænke den Hellige politivedtægt, fordi han ikke ville finde sig i at man krænkede hans datter?

Det viste sig at faderen var Kriminel og havde siddet i fængsel mange gange før, og derfor vidste han udmærket godt at fængsel i Danmark er en feriekoloni med roomservice.
Og faderen havde allerede en plettet straffeattest og kunne ikke få arbejde i forvejen, så det bekymrede ham ikke så meget.

Da han blev løsladt holdt man en kæmpe grillfest for ham i kvarteret, og han fik arbejde i naboens byggefirma.

Og det er så hvad man kalder retfærdighed og resocialisering …

BONUS-INFO TIL FORÆLDRE:
Der findes ting man bør sættes højere end politivedtægten.
Der findes værre ting at gøre sig skyldig i end selvtægt.
Undladelsessynder, for eksempel.

Vi tager den lige en gang til:

Det er for sent nu.
Det er for sent nu, dit hjerte føles som sten nu.
Det er for sent nu.
Der er sket det, der er sket nu.
Det er for sent nu.
Alt er lige meget, dit barn er væk nu.

13. ***FREDERIK FLODHESTS FANTASTISKE FORTÆLLING.***

Kapitel 1.

Der var engang en fordrukken stork.
Hver eneste morgen drak den sig ret glad i låget inden den tog på arbejde.
På arbejdet pimpede den videre i smug, og derfor var den som regel godt vissen allerede inden frokost.
Hen på eftermiddagen fik den som regel først for alvor hældt saftevand indenfor vesten, så den efterhånden blev godt og grundigt stegt.
Det var storken simpelthen nødt til, for den havde det utaknemmelige job at levere babyerne fra babyfabrikken til de ventende forældre.
Og ALLE ved jo, at babyer ikke bestiller andet end at æde og skide og skrige, og derfor var det vel forståeligt nok, at storken havde brug for lidt promillesaft, at holde den kørende på.

En sådan eftermiddag hvor storken var godt stangbacardistegt, banker den på Hugo og Trines dør i sin brandert, og laver en seriøs fejllevering.

Ud fra karakteren af forbytningen kan man nok godt gå ud fra, at storken simpelthen var helt væk oven i tænketanken den dag.
Hugo og Trine fik simpelthen hen stukket en kurv i hånden, med et stk Baby-Flodhest.
Følgelig må man formode, at der et eller andet sted i Afrika netop nu befinder sig et par forbløffede flodhesteforældre, som forsøger at leve op til de helt uhyrligt krævende krav, som forældrerollen til det krapyl man kalder et menneskebarn nådesløst stiller.

På babycentralen gik man naturligvis helt banjaluka over forbytningen, men da var det for sent at rette op på fejlen.

For det første var storken helt blæst da den leverede flodhesten, og for det andet daffede den så hurtigt, at den ikke kunne huske adressen til Hugo og Trine den næste dag.
I det hele taget var der ikke ret meget fra dagen før, som storken kunne huske.

Først var der selvfølgelig fra ledelsens side en del snak om at storken skulle fyres.
Men så skred tillidsmanden for storkefagets fagforening ind til den fordrukne storks forsvar.
Det endte med at episoden førte til overenskomstforhandlinger om bedre arbejdsmiljø og vilkår for storke i babybranchen, og dagen efter forliget var den fordrukne stork tilbage på arbejdet igen.

Kapitel 2.

Hugo og Trine forelskede sig straks i babyflodhestens flabede fjæs.
De besluttede sig således for at adoptere den lille selvcentrerede æde-skide-skrigemaskine, som man i øvrigt normalt betegner som en "baby."

Først vidste de ikke hvad de skulle kalde babyflodhesten, men så løftede Hugo den lige op i halen en gang, og tjekkede hvordan det stod til med understellet.

Det var en dreng, og Trine syntes han lignede en Frederik.
Det var Hugo sådan set enig i, men selv hvis han ikke var, så havde sytten års ægteskab efterhånden lært ham at han godt kunne glemme alt om både nyheder og superliga, hvis han sagde Trine imod på den slags punkter.

Hugo vidste, at det gjaldt om at vælge sine kampe med omhu.
Og sådan fik Frederik flodhest sit navn.

Hugo og Trine fandt hurtigt ud af, at det at være forældre for en flodhest ikke altid er lige nemt.

Der var hovedsageligt to områder der var ret problematiske:
1. Frederik flodhests lidt for hidsige temperament.
2. Frederik flodhests toiletbesøg.

Kapitel 3.

Så kom tiden hvor Frederik flodhest begyndte i skolen.

Hos flodheste er det et helt naturligt instinkt at skide på hinanden, når man siger goddag og er venlig stemt.
Det var der bare ikke ret mange på skolen der syntes var god stil.

Flodheste er som bekendt også fra naturens side af ret aggressive, og gu gider de da røv finde sig i noget som helst.
Hverken forstokkede folkeskolelærere der tyranniserer, og er ligegyldige overfor om man lærer noget eller ej
Eller små snotforkælede narcissistiske forbrugerunger, der mobber på et powertrip.
Derfor bed Frederik flodhest dem godt og grundigt i røven, de skidesprællere, men det var der ikke rigtigt nogen der synes var en god ide.
Det forstod Frederik flodhest ikke rigtigt.

Frederik flodhest havde nemlig ikke forstået, at samfundet og fællesskabet efterhånden er gennemsyret af en offermentalitet, der netop dikterer, at man skal finde sig i snart hvad som helst.

Det kunne Frederik flodhest ikke helt forstå.
Derfor spurgte han: hvorfor skal vi det?
Så svarede autoriteterne: fordi vi siger det!
Og imens autoriteterne svarede, så blev de rigtigt arrige og bebrejdede ham at han overhovedet kunne finde på at stille den slags spørgsmål, for det ved alle jo at man ikke må.
Autoriteterne har som en selvfølge alle svarene, som de så smider i hovedet på befolkningen, og så har man bare værsgo at stille de spørgsmål, der netop passer til disse svar, på nøjagtigt samme måde som man gør i Jeopardy.
Det syntes Frederik flodhest overhovedet ikke var hverken spændende eller intelligent nok, og derfor besluttede autoriteterne at han var dum, og sendte ham til skolepsykolog.

Men det gik ikke så godt.
Først sked Frederik flodhest på skolepsykologen for at sige goddag og være venlig.
Så begyndte skolepsykologen også at lukke en masse lort ud, men det var nu hverken for at være venlig eller sige goddag, og i øvrigt kom det fra den modsatte ende af hvad der er normalt.

Derfor bed Frederik flodhest skolepsykologen, for gu gad han da røv finde sig i den skidespræller.

Kapitel 4.

At bide skolepsykologen og kalde ham for en skidespræller:
DET syntes myndighederne alligevel var en tand for groft.

Derfor sendte man Frederik flodhest i skammekrogen på det man i gamle dage kaldte for en opdragelsesanstalt, men som i dag kaldes for en ungdomsinstitution, fordi man er blevet enige om at denne betegnelse er mere politisk korrekt, og lyder bedre.

Og dem som sidder og finder på pænere navne at kalde grimme ting, dem kalder man for spindoktorer.

Der findes selvfølgelig også spindoktorer for børn, og dem kalder man som bekendt for pædagoger.
Deres arbejde er imidlertid helt omvendt, for de skal finde på grimme navne til alle de pæne ting ved børnene.

Og det er de faktisk helt vildt gode til.
For det at sige at der er noget i vejen med børn, og at de er "forkerte", det er en industri der virkelig er penge i: det er Big Business- ***KA-CHIINNNGGG-BABY!!!***
Og abrakadabrakapædagog, så er man pludselig så pokkers klog, og så er individualitet blevet til samspilsramt.
Og abrakadabrakapædagog, så er man pludselig så pokkers klog, og så er selvstændighed blevet til adfærdsvanskelig.
Og abrakadabrakapædagog, så er man pludselig så pokkers klog, og så er følelser blevet til personlighedsforstyrrelser.

Der var også et eller andet man snakkede en masse om, og som man kaldte for DAMP.
Men faktisk var der ikke rigtigt nogen der vidste hvad det egentligt var, eller helt konkret betød, udover at der er fut i kedlen.

Frederik flodhest var ret overbevist om at han ikke var i stykker, men alligevel mente pædagogerne han skulle repareres.

Det mente man så lige lynhurtigt lod sig gøre, med en rask omgang rytmeleg og musikterapi.
Da det ikke rigtigt så ud til at virke særligt godt, så forsøgte man sig i stedet for med konsekvenspædagogikken, og jeg skal komme efter dig, og jeg skal give dig, og hvad har vi.

Men Frederik flodhest var selv ret konsekvent, når det kom til det med at sætte tænderne i ballerne på et par skidesprællere.
Derfor måtte en del pædagoger efterfølgende gå på førtidspension, da de således havde fået beskadiget den ende de brugte til at tænke med under udførelsen af deres såkaldte "arbejde".

Kapitel 5.

Psykologerne og pædagogerne var helt almindelige manipulerende svindlere, og derfor var de selvfølgelig slået fejl i deres forsøg på at hustle Frederik flodhest.
Men ikke nok med det, så var Hugo og Trine nu også begyndt at stille alvorlige spørgsmålstegn ved, om det nu også kunne være helt rigtigt, at der var alle de påståede ting galt med Frederik flodhest.
Hugo og Trine spekulerede på, om det måske slet ikke var flodhesten, men fællesskabet og pædagogerne, som der var noget galt med.

Svindlerne blev rigtigt bange da de hørte dette, for de frygtede at de var tæt på at blive afsløret i deres fordækte forretning.
Derfor skyndte de sig at sende aben videre.
Eller i dette tilfælde flodhesten.
Hvorom alting er, så endte Frederik flodhest ved den største Hokuspokus heksedoktor, som man havde at byde på, i hele det store vide kongerige af tvangssocialisering og indoktrinering af dumbing-down- konformitet.

Heksedoktoren gjorde selvfølgelig det som heksedoktorer nu engang gør:
For det første så rablede han en hel masse mumbo-jumbo af sig. Det er så det man kalder for en "diagnose", og som har noget at gøre med onde ånder eller kemiske ubalancer.
For det andet så fandt han sit sidste nye heksebryg frem, som virker på nøjagtig samme måde som heksebryg altid har gjort op igennem tidens

historie: nemlig ved at gøre den der indtager miksturen så stenet og blæst oven i kasketten, at vedkommende ikke fatter eller føler en skid. Så er vedkommende nemlig noget nemmere at have med at gøre for omgivelserne.

Det virker selvfølgelig kun så længe personen fortsætter med at indtage heksebryg, og det er så det man kalder for kronisk afhængighed, eller medicinering.
Det er også det man kalder en vedvarende efterspørgsel, en storindustri og Big Business, og gåsen der bliver ved med at lægge guldægget.

Det var faktisk lige før Frederik flodhest overvejede at tage Hokuspokus-heksedoktorens mumbo-jumbo-heksebryg.
Mest fordi han troede at det var det, der ville gøre Hugo og Trine lykkelige.

Men så sparkede Hugo endelig døren ind til kvaksalverens prætentiøse praksis, og Trine slog heksebrygget ud af hånden på Frederik flodhest i sidste øjeblik.
Og Hugo bed straks heksedoktoren i røven i stedet for Frederik som var for optaget til selv at sætte tænderne i, fordi Trine havde for travlt med at kysse og kramme deres lille vidunderlige flodhest.

Hugo og Trine var nemlig ikke først og fremmest interesseret i at have en Frederik flodhest, der var nem og bekvem for omgivelserne at have med at gøre, såvel som dem selv.
De var først og fremmest interesserede i at have en Frederik flodhest, der hverken var stenet eller blæst oven i kasketten.
En Frederik flodhest der stadigvæk tænkte og følte noget.

Derfor besluttede Hugo og Trine sig for at spænde hjelmen og tage sig sammen.
De ville tage det sure med det søde og det gode med det dårlige.

De ville elske og acceptere den flodhest storken havde bragt dem, uanset hvad.
Ligesom de ikke forsøgte at få Frederik flodhest byttet dengang de fik ham leveret, så ville de bestemt heller ikke nu forsøge at lave om på ham, til noget han ikke selv inderst inde var.

De besluttede sig for at spindoktorernes abrakadabra var noget de manipulerende svindlere havde brug for til deres fordækte forretning, det vil sige de imagebevidste politikere og prætentiøse psykologer og pædagoger.
Men for forældre hørte den slags ingen steder hjemme.

De besluttede sig for at heksedoktorens mumbo-jumbo var for uvidende og overtroiske idioter, og heksebryg for dem der tog den billige løsning, og sprang over hvor gærdet var lavest: det var ikke noget for forældre.
Ikke hvis ordet forældre skal give nogen som helst mening i hvert fald.

Således gik det til at Frederik flodhest overvandt mange hårde prøvelser og strabadser, og besejrede mange mægtige og farlige fjender, alene ved stædigt at holde fast i hvem han var, hvad han tænkte, og hvad han følte.

Men Frederik flodhest havde selvfølgelig også det held og den fordel, at Hugo og Trine var fornuftige nok til at gennemskue og afvise alle klovnerne og det absurde cirkus, som man forsøgte at trække dem og Frederik rundt i manegen i.

Og SÅ levede Frederik flodhest ellers lykkeligt til sin barndoms ende sammen med Hugo og Trine.

Epilog:

Efter kun et par år blev Hugo og Trine kåret til verdens ubetinget bedste forældre, og denne bog er udgivet til deres hyldest.

Frederik flodhest endte med at vokse op og få et virkeligt godt liv.

For det viser sig nemlig, at selvrealisering og ægte livskvalitet afhænger af om det lykkes en at få succes på sine egne betingelser. Og det kræver, at man dropper offermentaliteten og ikke bare finder sig i hvad som helst, samtidigt med at man af og til vil skide på "de andre."

Og DET,
er hvad vi kan LÆRE,
af Frederik flodhests fantastiske fortælling.

MINIORDBOG TIL LEKTIONERNE.

Acceptere= Når man går med på noget.

Afledningsmanøvre= Når man gør noget, for at få andre til at rette deres opmærksomhed imod dette, så den fjernes fra noget andet. Ofte så man imens kan foretage sig noget som de ikke opdager, fordi deres opmærksomhed er rettet et andet sted hen.

Adfærd= Den måde man handler på.

Almindeligt stemningsleje= Den normale følelsesmæssige tilstand uden alt for store udsving.

Argumentere= Når man forklarer hvorfor man tror noget er rigtigt, når man begrunder det.

Adfærdsprogrammering= Når man på en velovervejet og planlagt måde gør ting, der ændrer andres måde at tænke og føle og reagere på, så deres adfærd ændres, til det man ønsker. Alle former for socialisering og pædagogik kan siges at være adfærdsprogrammering, ligesom også opdragelse er det.

Altruisme= Når man sætter andres interesser over ens egne. Er grundlaget for alle former for venlighed, hjælpsomhed og imødekommenhed, hvor man ikke nødvendigvis forventer noget til gengæld.

Betragtende= Når man holder øje med noget og studerer det, samtidig med at man analyserer det.

Begejstret= Når man oplever stor glæde og tilfredshed med noget.

Beskrivelse= den måde man fortæller om noget på, for at forklare det.

Biologisk= Når noget har med den måde levende ting er bygget op og fungerer på.

Bekræftelse= Når noget viser at det man troede var rigtigt, er rigtigt. Bruges også, om når mennesker fortæller eller viser hinanden, at de synes den anden person er rigtig og god nok.

Behov= Det man har brug for.

Bemærk= Vær opmærksom på/lægge mærke til.

Belønning= Noget man får, fordi man har gjort noget på den rigtige måde, eller fordi man har nået et mål.
Bonus= Noget ekstra.
Bondefanget= Når der er nogen der har snydt en.
Billige point= Når man får noget anerkendelse, uden at det koster en noget.
Defineret= Når betydningen af noget er klart og tydeligt forklaret og forstået.
Detaljeret= Når noget er beskrevet i alle dets enkeltheder, når man kender alle dele af noget.
Den løftede pegefinger= Når andre folk belærer en/ når man bliver irettesat/ når man får en advarsel.
Diskret= Når man undgår unødvendig opmærksomhed/ når man gør noget uden at andre bemærker det/ når man gør noget i hemmelighed.
Distrahere= Når ens opmærksomhed bliver afledt.
Diplomati= En forsigtig og dygtig måde at forhandle på, som er både fleksibel og smart, og undgår unødvendige konflikter der kommer i vejen for at opnå ens mål.
Dressere= Når man oplærer dyr i bestemte færdigheder.
Dømmekraft= Ens evne til at vurdere noget, og træffe beslutninger.
Effektivt= Når noget fungerer på bedste måde.
Eftertænksomhed= Når man nøje overvejer og tænker over noget/hvad det betyder.
Effektivt= Noget der fungerer på den bedste måde.
Egenskab= Noget bestemt ved den måde nogen eller noget fungerer eller er på, og som er vigtigt.
Elementerne= De forskellige dele af noget.
Engageret= Når man forpligter sig til noget, og virkelig går op i at få det til at fungere.

Egentlige= Sådan som det i virkeligheden er/ det som det i virkeligheden drejer sig om.
Emne= Det som sagen drejer sig om.
Fornøjelse= Noget man nyder at gøre.
Fornødne= Det nødvendige.
Fortolkning=Den måde man analyserer og forstår en tings betydning på.
Fokuserer= Det man retter sin opmærksomhed og tanker imod.
Foregået= Når noget er sket.
Fordelagtig= Når noget er til ens eget bedste.
Fordele= Det der er godt for en selv.
Forhandlingsstrategi= Den bestemte plan man har for hvordan man forhandler, og som er effektiv.
Fordel= Hvad der er godt for en.
Formålet= Hvad meningen er med noget, hvorfor man gør det.
Forbeholdt= Når det kun er for nogen bestemt.
Færdigheder= De evner man har og de ting man er i stand til at gøre.
Følelsesmæssig tilstand= Den måde man føler på lige nu, den måde man har det på lige nu.
Fleksibel= Når noget er i stand til at tilpasse sig hurtigt, til for eksempel omstændigheder, eller det der i situationen er brug for.
Følelsesmæssig= Noget som har at gøre med følelser, noget som er under indflydelse af følelser.
Fiasko= Når noget der betyder noget går fuldstændigt galt, når man ikke gennemfører en opgave, når man fejler stort i at nå sit mål.
Generelle= Som kan bruges i mange sammenhænge, fordi det virker til det meste.
Gåpåmod= Når man er klar på at få gjort noget ved tingene, og arbejde hårdt. Når man ikke er bange for at tage fat og gå i gang.

Hjernevask= En psykisk påvirkning af en anden person, der er meget kraftig og vedvarende, indtil personen skifter adfærd, tankegang eller følelser, eller adlyder befalinger.
Handlekraft= Når man ikke tøver og tvivler, men bare får tingene gjort.
Hysterisk anfald= Når man er ophidset og reagerer vildt og ukontrolleret/ man går **amok/ råber og** skriger og skælder ud/vælter, kaster og ødelægger ting.
Hensigt= Det som man ønsker, eller har tænkt sig at gøre.
Imødekommende= Når man er venlig overfor andre, og prøver at hjælpe dem.
Investering= Bruge tid og energi på noget, fordi man ved man får noget ud af det til ens egen fordel.
Intense= Når noget er meget stærkt og koncentreret.
Inkorporeret= Når noget er med i noget/ det er indeholdt i tingen.
Indrømmelse= Når man tillader noget, eller giver nogen lov til noget, når man accepterer noget.
Initiativet= Når man er den der tager beslutninger om noget og selv sætter tingene i gang.
Investere= Når man bruger tid eller penge, eller andre ressourcer, fordi det er til ens egen fordel, fordi man får noget igen. f. eks at hjælpe andre, fordi man så ved, at de vil hjælpe en.
Improvisere= Når man finder ud af det hen ad vejen, i forhold til den situation man er i.
Konflikten= Det man er uenige om.
Konsekvenser= Resultaterne af det man gør/ virkningerne af noget.
Kommunikerer= Når man udveksler information/ når man taler sammen.
Kombineret= Når man sætter ting sammen.
Konsekvent= Når man gør noget hver eneste gang/ når noget sker hver eneste gang/ når noget sker i et fast mønster.

Kompromis= Når man giver sig en smule, samtidig med at den anden gør det samme, for at man kan få en aftale i stand.
Kommando= Et ord eller en sætning, der får nogen til at gøre noget bestemt.
Krænket= Man føler der er blevet begået et overgreb imod en.
Lektioner= Undervisning der lærer en noget bestemt.
Manipulation= Når man påvirker nogen i en bestemt retning, uden at de selv ved det.
Magt= Når man kan styre, kontrollere, eller bestemme over nogen eller noget.
Metode= En fast måde at gøre noget på, en bestemt fremgangsmåde.
Medmindre=Hvis ikke/ undtagen/ det er sådan det er, når der ikke gælder noget andet.
Mentale= De tanker, de følelser og ens vilje, som får ens sind til at fungere.
Motivation= Den begrundelse en person har for sin handlemåde/ det han gør/tænker.
Modarbejder= når nogen eller noget forhindrer at noget andet bliver gjort eller at en anden person opnår det han vil.
Modstræbende= Når man modvilligt gør noget, og er afvisende i forhold til noget.
Motiver= De begrundelser en person har for sin handlemåde/ det han gør/tænker.
Mønster= Når noget sker på en bestemt måde som efter en plan.
Negativiteten= En negativ følelse.
Nervøsitet= Når man er en lille smule bange og usikker.
Nydelse= Noget man får det godt af/ en god følelse.
Nyttigt= Når noget er godt i forhold til det man skal bruge det til.
Observerer= Holder opmærksomt øje med, og lægger mærke til noget bestemt.
Omkostninger= Det man må betale for at få det man vil have.

Omformulere= Når man siger noget med sine egne ord.
Opfattelse= Hvordan man personligt betragter og bedømmer nogen eller noget.
Optimisme= Når man tror og håber det bedste.
Opdrager= Når man belærer andre, og får dem til at tænke, føle og handle på en bestemt måde, eller ud fra bestemte værdier.
Overordnede= Set i en større sammenhæng/ styrende i større sammenhænge.
Positivitet= Når noget er godt for en/ når noget er imødekommende eller bekræftende.
Programmer= Plan for hvordan noget skal gøres/ retningslinjer/ handlingsplan/ når man indarbejder retningslinjer for handling.
prioritere= Når man bestemmer hvad der er vigtigst/ når noget er vigtigere end andet.
Perfekt= Når noget er uden fejl.
Permanent= Når noget er vedvarende og konstant/ når noget ikke ændrer sig.
Programmeringen= Den opdragelse, der er blevet helt automatisk. Når man påvirker nogen til at være på en bestemt måde.
Praktiske= Som man kan bruge til noget.
Propaganda= Når man søger at udbrede en ide eller en holdning ved at argumentere for den og forsøge at overtale andre til at tro på den/ man bruger oftest ordet propaganda, når det er i negativ sammenhæng.
Psykologi= Faget hvor man studerer sammenhængen mellem bevidsthed og adfærd, og laver teorier om dette/ dem der finder de bedste metoder til hjernevask, og om hvordan man kan regne andre folk ud.
Pædagogik= Den måde man opdrager og underviser på/ de voksnes system af metoder til hjernevask af fortrinsvis børn.

Rastløs= Når man er nervøs og ikke kan slappe af, når man er urolig og ukoncentreret.
Repetere= Gøre noget en gang til, eller gentage dets mening for at blive bedre til det, eller huske det bedre.
Retfærdiggøre= Når man prøver at finde grunde til at det man gør, er det rigtige.
Ressourcer= De ting man har som man kan bruge.
Resultat= Virkningen/ det man får ud af noget/ det noget ender med.
Regler= Det man måler hvad der er rigtigt og forkert ud fra.
Røgslør= Noget man gør for at vildlede andre, eller for at gøre tingene uigennemskueligt.
Reagerede= Når man har en bestemt adfærd, fordi man er blevet påvirket af noget udefra.
stemningsleje= Den bestemte følelsesmæssige tilstand man er i, det humør man er i.
Straf= Det ubehagelige man gør imod nogen, fordi de har gjort noget forkert.
Salgstaktik= En præcis plan for hvordan man skal gøre noget, som er tilpasset situationen, for at opnå det man ønsker.
Stikord= Et ord der udløser en speciel reaktion, tanke eller følelse.
Succesøjeblik= Det øjeblik hvor man lykkes med noget eller når et mål, og den følelse man får af det.
Selvsikkerhed= Når man ikke er i tvivl om hvad man kan, og hvad man er værd.
Selvtillid= Når man tror på sig selv og sine evner og færdigheder.
Sympatisk= Når noget er tiltalende/ når man føler velvilje overfor nogen eller noget, og støtter dem.
Succes= Når noget er lykkedes for en/når man har nået et mål.
Strategi= En plan for hvilken måde man skal gøre tingene på, for at nå et mål mest effektivt.

Skema= En oversigt eller en plan der viser hvordan noget fungerer, eller hvornår det gør det. En ordnet og struktureret plan.
Situationer= Omstændigheder og deres måder at være på.
Socialisering= Når man indarbejder et samfunds normer og værdier i en person, så vedkommende følger dem automatisk.
Tankegang= Når man har en bestemt måde at tænke på.
Taktik= En præcis plan for hvordan man skal gøre noget, som er tilpasset situationen, for at opnå det man ønsker.
Tegn= Noget der viser hvad der foregår/ noget der gør at man kan regne situationen eller omstændighederne ud.
Teknikken= Den måde som man gør noget på så det fungerer, en måde at gøre tingene på som kræver viden og erfaring.
Tillid= Når man tror på noget eller nogen/ stole på nogen eller noget.
Tilfredsstillende= Når noget giver en det man har brug for og gør en glad.
Tolereres= Når man finder sig i noget eller nogen, og bærer over med nogen eller noget.
Tilstand= Den situation som nogen eller noget befinder sig i.
Tonefald= Den måde en stemme lyder på, når den udtrykker forskellige følelser.
Tålmodighed= Når man kan vente roligt i lang tid og holde en masse besvær ud, uden at blive irriteret. Når man lader tingene tage den tid det tager.
Tøver= Når man ikke handler/ er usikker og overvejer hvad man skal gøre.
Ufortrødent= Når det gøres uden afbrydelse og uden usikkerhed.
Umiddelbart= Med det samme.
Udelukkende= Kun for nogle.
Udspekulerede= Når nogen er rigtigt snedige og smarte, og har planlagt tingene til egen fordel. **Udbytte**= Det man får ud af noget.

Understrege= Når man slår fast, eller gentager det man mener, for at vise at man virkelig mener det.
Uoverskueligt= Når noget ikke er til at få orden i, eller er til at forstå.
Udfordrende= Når noget er en krævende opgave, hvor man har brug for at presse sine evner og færdigheder til det yderste.
Uærlig= Når man ikke er ærlig.
Ubehag= Når noget ikke føles godt, en følelse af utilfredshed.
Usædvanligt= Når noget er meget ud over det normale.
Vaner= Det man gør regelmæssigt/ en adfærd man gør jævnligt.
Årsag og virkning= Det der får noget til at ske, og selve det der sker på grund af dette.

LITTERATURLISTE+NYTTIGT LÆSEPENSUM:

Allan og Barbara Pease: Kropssprog.
Anthony Robbins: væk din indre Gigant + ubegrænset kraft.
Joseph O´Connor: NLP i teori og praksis- en grundbog.
Timothy Ferris: 4 Hour Workweek.
Mihaly Csikszentmihalyi: Flow- optimaloplevelsens psykologi.
Klaus Kjøller: Håndbog i manipulation.
Keith Harary: Klare Drømme.
Erwin Neutzsky-Wulff: Det overnaturlige + Okkultisme + Magi + Rum + Hjernen + Gud + Verdens historie + 2000 + Verden + Døden + Ufo.
Poul. R. Scheele: Fotolæsning.
Stephen Laberge: Lucid Dreaming.
Fritz Wolder: Magtens manual.
Oddbjørn By: Memo: den nemme vej til bedre hukommelse.
Anders Gade: Hjerneprocesser, kognition og neurovidenskab.
Tony Buzan: Brug hjernen bedre.
Mikkel Starup: Væsner.
Todd. E. Feinberg: Behavioural neurology and neuropsychology.
Kasper.L.S. Knudsen: Psykopatens Bibel.
Kasper.L.S. Knudsen: Fuck Jehovas vidner.

HUSK: Er menneskets hjerne først udvidet med en ny ide, går den aldrig tilbage til dens oprindelige tilstand.
(Oliver Wendell Holmes.)

BONUS-ØVELSE:"I Have a Dream ..."

Synes du din familie er bonderøvskedelig og lam i roen røvsyg?

Så må du ærligt talt tage og spænde hjelmen og se at komme i gang!

Efter det grundige studium af denne bog, så er der ikke længere nogen undskyldninger.
(For allersidste gang: Du er da ikke en Chicken, vel?
Eller en karklud?)

Når man har de færdigheder der skal til for stort set altid at få sin vilje, så er det selvfølgelig ligeledes op til en selv at sørge for at det sker. Det er så det, som man kalder for personligt selv at have det fulde ansvar.

ANSVAR???!!!

"Jeg kan sgu da ikke huske at der stod noget om ansvar nogen steder!" Sidder du så nu og tænker en smule såret og fornærmet, fordi så småt begynder at gå op for dig, at du har købt katten i sækken.

Der er mere end en manipulatør i denne verden, og selv den bedste manipulatør kan blive bedraget og ført bag lyset.
Så kan du lære det!

Hovedreglen er dog at den der giver får mere igen.
Altså er det bedst at bruge sine færdigheder på en sådan måde, at alle vinder på det. Måske vinder du "mest på det, og det er også okay, for ellers er der jo ikke meget ved at være dygtig og vinde.
Husk blot på, at alle du sidder til bords med skal kunne spise sig mætte.

På de sidste sider kan du skrive dine drømme og håb for fremtiden ned, og så er det sådan set op til dig selv at få dem til at gå i opfyldelse.

Jeg håber blot, at du beslutter dig for at følge tre principper:

1. Alle du sidder til bords med skal kunne spise sig mætte.

2. Når du sælger nogen katten i sækken, så sørg for at det er en fantastisk flot kat.

3. Den der giver får mere igen.

I HAVE A DREAM:

I HAVE A DREAM:

I HAVE A DREAM:

I HAVE A DREAM:

DENNE BOG DEDIKERES TIL:

Til Kvinden ...

Fristende fascination af Disney-øjne,
Og listigt lokkende CocaCola-kurver.
Dit smil og stemme, er vildt og dog mild-
Solopgangens Solsikke der blomstrer,
Og spinder kælent som en Kat.
Din karisma kaster kærtegnende månestråler,
Når du dig sensuelt bevæger, vugger, vrikker og sniger,
Som en Sexet Tiger, dødeligt forførende,
Ved håb om blåt fuldmåneskærs mistelten.

Beundrer diskret på afstand din underskønne skabning.
Forguder, tilbeder og længes,
Under selvhengivende trængsel,
Efter foreningen med dit højerestående væsen,
I romantisk kærlighed og fuldkomment begær.

Til dit dyrebare hjerte gør jeg kurmageri,
Lystfyldte Drømme og udsøgt Fantasi,
Sandhedens hyldest som elskovspoesi.

Du mest Forførende af dem alle ...
Hvordan kunne undgå at falde?

Mandens Kompas:

Når der er mad skal du æde.
Når der er tid skal du tænke.
Når der er kamp, skal du nådesløst kæmpe.
For livet og lykken tilsmiler den dristige,
den der er Herre i eget hus.
Og når dit øje ser din kvinde.
Den eneste, eneste ene.
Skal du tilbede,
Elske,
Ære,
og Tjene Hende,
Din Gudinde...